Bodo von Isserstedt präsentiert:

Geisterstunde auf Sanssouci

Wahre Geschichten um Friedrich den Großen

Zur Geisterstunde auf Sanssouci erschienen:

Der Meister

Unentbehrliche

Scharlatane

Getreue

Gegenspieler

Geschwister

Nützliche

Besucher

Nachwelt

Nachtrag

Friedrich der Große und die Geisterstunde auf Sanssouci

Der Olymp geriet völlig außer Rand und Band, als Friedrich, der preußische König, den Wunsch äußerte, sich noch einmal an sein Volk wenden zu dürfen. Über 200 Jahre habe er tatenlos zugesehen, wie seine Landsleute eine Blödheit nach der anderen verzapften, nun sei es an der Zeit, einzuschreiten.
Hat er denn völlig vergessen, fragten sich die Götter, dass sein Exil auf dem Olymp streng geheim ist? Schließlich wähnt man ihn in preußischen Landen im Himmel oder gar in der Hölle! Zu guter Letzt durfte er einem privaten Fernsehsender ein Interview gewähren – auf Sanssouci. Die Hälfte der Werbeeinnahmen ging an eine Stiftung für herrenlose Windhunde.

Majestät, Sie sind – wie man heute sagt – ein Superstar unter den gekrönten Häuptern ...
Eine Krone ist lediglich ein Hut, in den es hineinregnet.

Aber irgendetwas Göttliches ist doch an Ihrem Job?
Es heißt, dass wir Könige Gottes Ebenbilder auf Erden sind. Ich habe mich daraufhin im Spiegel betrachtet. Sehr schmeichelhaft für Gott ist das nicht.

Wie dürfen wir Sie anreden – Majestät oder so?
Die Titel sind nur Zierden für Alberne; große Männer brauchen nur ihren Namen.

Okay, sagen wir Friedrich zu Ihnen und einigen wir uns darauf, dass Sie ein wichtiger Entscheider waren.
Wenige Menschen denken, und doch wollen alle entscheiden.

Es ist doch gut, wenn jemand anderen das Denken abnimmt.
Menschenverstand ist viel seltener als man denkt.

Das sagen Sie, der sich stets mit großen Geistern umgeben hat?
Kenntnisse kann jedermann haben, aber die Kunst zu denken, ist das seltenste Geschenk der Natur.

Und wie steht es bei Ihnen selbst mit dem Denken?
Ich bedaure alle Tage meines Lebens, welche ich nicht dem Nachdenken und dem Studium gewidmet habe. Man kann seine Fähigkeiten, richtig zu urteilen, nicht genug vervollkommnen, ebenso wenig die durchdringende Schärfe des Verstandes.

Aber ohne ein Quäntchen Gefühl geht es doch nicht!
Der Geist ist leicht zu überzeugen, wenn das Herz gerührt ist.

Das klingt doch sehr sympathisch.
Wer sich an die Fantasie der Menschen wendet, wird immer den besiegen, der auf ihren Verstand einwirken will.

Haben Sie als Aufklärer nicht einen Spruch über die Vernunft?
Wenn die Vernunft häufiger ihre Stimme gegen den Fanatismus erhebt, kann sie die künftige Generation toleranter machen, als die gegenwärtige ist. Man müsste es dahin bringen, dass sich Menschen des Fanatismus und der Intoleranz schämen.

Glauben Sie, dass sich die Menschen zum Besseren wandeln?
Um die Irrtümer auszurotten, müsste man das ganze Menschengeschlecht vertilgen.

Geht es nicht ein wenig gewählter?
Das lebhafteste Vergnügen, das ein Mensch in der Welt haben kann, ist, neue Wahrheiten zu entdecken; und gleich danach kommt, alte Vorurteile loszuwerden.

Was würden Sie der heutigen Politik auf den Weg geben?
Der schlimmste Weg, den man wählen kann, ist der, keinen zu wählen.

Also immer klare Bündnisse suchen?
Politik besteht eher darin, aus günstigen Konstellationen zu profitieren, als sie zu schaffen.

Verstehe, kleine Schritte zur rechten Zeit – und was noch?
Wenn ich ein großes Problem habe, stelle ich mir die Erde von einem fernen Punkt im Weltall aus betrachtet vor: Wie klein ist sie doch, und wie klein ist mein Problem. Ich bemitleide meine Feinde wegen ihrer großen Mühe um so Geringes.

Es scheint, Sie sind Ihren Feinden gegenüber sehr nachsichtig.
Es ist das Schicksal aller Großen: Überlegenes Genie setzt sich den Giftpfeilen des Neides aus. Beleidigung mit Beleidigungen zu vergelten, ist die Art des Pöbels.

Was aber ist das Geheimnis Ihres politischen Erfolges?
Einzig und allein der weitschauende Scharfblick und die Kunst, seine Pläne mit kluger Voraussicht auf mehr als auf einem Wege zur Reife zu bringen.

Und wie soll das funktionieren?
Wer schweigen kann, der wird zu schönen Eroberungen gelangen.

Könnte es sein, Sie sind der Politik einfach überdrüssig?
Die Fortschritte in der Philosophie, der Volkswirtschaft, der Kriegskunst und den Sitten fesseln unstreitig mehr, als Betrachtungen über Gaukler in der Bischofsmütze und jene Unterkönige, die man Minister nennt; von denen nur sehr wenige einen Platz im Andenken der Nachwelt verdienen.

Es heißt, Sie hätten Ihre Hunde mehr geliebt als Menschen.
Je mehr ich von den Menschen sehe, umso lieber habe ich meinen Hund. Hunde haben alle guten Eigenschaften des Menschen, ohne gleichzeitig ihre Fehler zu besitzen.

Aber haben Sie sich im Lauf der Jahre geändert?
Je mehr man altert, desto mehr überzeugt man sich, dass Seine heilige Majestät der Zufall gut drei Viertel der Geschäfte dieses miserablen Universums besorgt.

Und das sagen Sie als Philosoph?
Der Beamte und der Philosoph beziehen ihre Stärke aus der Sachfremdheit.

Sachfremde Beamte kommen uns aber teuer zu stehen.
Eine Regierung muss sparsam sein, weil das Geld, das sie erhält, aus dem Blut und Schweiß ihres Volkes stammt. Es ist gerecht, dass jeder Einzelne dazu beiträgt, die Ausgaben des Staates tragen zu helfen. Aber es ist nicht gerecht, dass er die Hälfte seines jährlichen Einkommens mit dem Staate teilen muss.

Soll das heißen, dass unsere Politiker ungerecht sind?
Die große Kunst besteht nur darin, die Summen zu erheben, ohne die Staatsbürger zu bedrücken.

Aber Sachzwänge muss man nun einmal anerkennen.
Es ist leichter, eine gewisse Gattung von Leuten zum Reden, als sie zum Schweigen zu bringen.

Was möchten Sie Politikern ins Stammbuch schreiben?
Seien Sie fest in Ihren Entschlüssen, wägen Sie das Für und Wider vorher ab, aber wenn Ihr Wille einmal erklärt ist, gehen Sie um alles in der Welt nicht mehr davon ab.

Politiker geben aber Fehler weder zu, noch korrigieren sie sie.
Das Publikum hat gewöhnlich keine Nachsicht, es verdammt die geringsten Fehler, heftet sein Urteil an das Gegenwärtige, ohne das Vergangene anzurechnen. Man muss das Publikum in dieser Art, verdienstvolle Männer zu verurteilen, nicht nachahmen.

Sollte man nicht die einfachen Menschen an den Staatsgeschäften beteiligen?
Diejenigen, welche am meisten gegen die Handlungen von anderen eifern, begehen oft noch viel schlimmere, sobald sie sich in denselben Umständen befinden.

Für Ihren Ruf haben Sie große Anstrengungen unternommen!
Der gute Ruf ist alles, was uns nach dem Tod übrig bleibt. Man soll die menschlichen Pläne und Unternehmungen nie nach ihrem Ausgang beurteilen.

Aus der Küche geplaudert – ein königlicher Geschmack

Maître Andreas Noël, Küchenchef

Gestatten: Maître Andreas Noël, Oberhofmeister und Küchenchef seiner Majestät, des Königs von Preußen. Mein Vater stammt aus Angoulême im Westen Frankreichs und war ein weltbekannter Pastetenbäcker. Ich kam 1755 als königlicher Mundkoch nach Potsdam. War das ein Wunder? Bevorzugte doch der König, der fast nur Französisch sprach, die französische Literatur ebenso wie die französische Küche.

Wir waren am preußischen Hof fast 30 Köche und jeder hatte seine Spezialität. Meine waren – wie könnte es anders sein? – die Pasteten. Über 30 Jahre lang diente ich König Frédéric. Ab 1784 sogar als erster Hofküchenmeister. Ich war zuständig für den Speiseplan des Königs, den Kauf der Lebensmittel, hatte das Anrichten der Speisen zu überwachen und darauf zu achten, dass sie dem Anlass entsprechend serviert wurden. Zwischendurch durfte ich auch gelegentlich eine neue Speise kreieren. Das war viel Arbeit für einen kleinen Mann. Der König liebte es, mit lukullischen Überraschungen seine Gäste aus der Fassung zu bringen. Ich bin mir sicher, dass dem König die Speisen ebenso wichtig waren wie die Plaudereien. Voltaire meinte, Friedrich sei „ein Gourmet und ein Gourmand". Frei übersetzt: Er war zugleich Feinschmecker und Vielfraß. Und immer musste ich peinlichst aufs Geld achten, denn der König erwartete zwar immer raffiniertere Speisen, war aber kaum bereit, den angemessenen Preis zu bezahlen. Ich hatte ein festes Budget und keinen Groschen mehr. Aber ich will nicht klagen.

Wussten Sie, dass der König mir zu Ehren ein Gedicht ersann? Er nannte mich darin

„Newton des Kochgeschirrs" und „Cäsar des Bratspießes". „Was an Filets erfand schon dein Verstand, welche Pasteten formte deine Hand ..." Und so geht es ganze 16 Strophen weiter. Der König schmiedete die Verse als Lob auf meine „Bombe de Sardanapale", ein mit Speck, Würstchen, Knoblauch und Safran gefüllter Kohlkopf. Der König liebte eben das deftige Essen.

Sie möchten, dass ich über die Kartoffel spreche, weil ja ständig Knollen auf des Königs Grabstein liegen. Es soll ja Leute geben, die die „Pommes Fritz", wie sie sie nennen, für eine Erfindung des Königs halten. Das ist Quatsch! Denn erstens heißen diese Kartoffelstäbe „Pommes frites" und das bedeutet „frittierte Kartoffeln", also mit Öl vollgepumpt. Zweitens hätte nicht der König die Speise erfunden, sondern ich hätte sie für ihn hervorgezaubert. Habe ich aber nicht. Gelegentlich wird die Kartoffel als „Sättigungsbeilage" bezeichnet. Glauben Sie wirklich, bei einem 8- oder sogar 22-gängigen Menü hätte jemand eine Sättigungsbeilage nötig? Wir hatten jedenfalls noch kein Gericht erfunden, bei der die Kartoffel den Weg auf die königliche Tafel gefunden hätte. Ich will Ihnen sagen, warum der König sich so vehement für den Kartoffelanbau in Preußen eingesetzt hat: Er wollte etwas gegen den einseitigen Getreideanbau unternehmen. Eine Missernte – und schon wäre die Katastrophe da. Wenn unterschiedliche Nahrungsmittel angebaut werden, verteilt sich das Risiko. So einfach ist das.

In einem Seitenflügel des Schlosses Sanssouci ist eine Hofküche zu besichtigen. Sie stammt allerdings aus dem Jahr 1842. Damals regierte der Urgroßneffe Friedrichs II. in Preußen.

Was aber aß der König am liebsten? Suppen und nochmals Suppen. Als Vorspeise drei hintereinander – das war nicht selten. Friedrich liebte den Gaumenkitzel. In frühen Jahren war es die Raffinesse der Speisen, die ihn erfreute. Im Laufe der Jahre wünschte er sich immer mehr Würze, um schließlich die richtig scharfen Speisen zu bevorzugen. Die waren für einen normalen Gaumen bereits ungenießbar. Oder würden Sie sich Senf in den Kaffee rühren? In die Suppen gehörten jetzt immer mehr Ingwer, das Rindfleisch kochte ich in Branntwein und die Aalpasteten garnierte ich mit scharfem Paprika. Ich hätte solche Gerichte nie erfunden, wenn sie der König nicht höchstpersönlich befohlen hätte.

Ein rasend schneller König und ein pfiffiger Kutscher

Johann Georg Pfund, Kutscher

Gestatten, Johann Georg Pfund, Leibkutscher Friedrichs des Großen. In Potsdam kennt mich jedes Kind, denn ich bin als Steinfigur auf dem Tor des Kutschstalls am Neuen Markt verewigt. Hier können alle sehen, wie ich die Pferde eines Vierspänners antreibe, als gelte es, ein Wagenrennen zu gewinnen. Finden Sie es nicht auch seltsam, dass sich die Plastik voll und ganz auf mich und meine Pferde konzentriert, von einer Kutsche aber nichts zu sehen ist? Ja, mit meiner Person zeigt der Bildhauer Johann Eckstein in Potsdam erstmals einen realen Menschen auf einem königlichen Gebäude.

Ich wurde im Jahr 1700 in Neuruppin geboren und trat 30-jährig in den Dienst des damaligen Kronprinzen, als der – gerade aus dem Kerker der Festung Küstrin entlassen – das dortige Infanterieregiment „Kronprinz" befehligen durfte. 46 Jahre blieben wir zusammen – ich und mein König. Und wie ich ihn kutschiert habe! So wie Friedrich das Risiko liebte, so liebte er auch schnelle Fahrten.

Es konnte ihm nie rasch genug gehen, denn jede Fahrt war für ihn verlorene Zeit. Einmal – es war auf einer der Inspektionsreisen nach dem großen Krieg – kamen wir so unglücklich über einen Stein am Weg, dass die Kutsche umstürzte. Zum Glück war dem König nichts geschehen. Aber wütend war er und ging schon mit dem Stock auf mich zu. „Haben denn Eure Majestät niemals eine Schlacht verloren?", fragte ich ihn. Er grinste und der Zorn war verraucht.

Als wieder einmal eine Reise nach Schlesien anstand, hatte mich ein Fieber ans Bett gefesselt. Der König schickte einen Boten mit einer persönlichen Botschaft seiner Majestät. Er teilte mir mit, dass er seine diesjährige Inspektion wohl absagen müsse, wenn ich

Über dem Torbogen des Kutschstalls am Neuen Markt in Potsdam ist der Kutscher Pfund in Stein verewigt. Die Einfahrt führt zum Haus der Brandenburgisch-Preußischen Geschichte, das auch Zeugnisse des friderizianischen Zeitalters präsentiert.

nicht zur Verfügung stehe. Im gleichen Augenblick lösten sich wie von Wunderhand meine Fesseln, und ich brachte den König sicher nach Schlesien. Als Kutscher bestimmte ich auf den Reisen sogar den Zeitplan des Königs. Ein Edelmann hat folgenden Dialog zwischen dem König und mir festgehalten:
„Ist das Dolgelin?"
„Ja, Ihro Majestät."

„Hier will ich bleiben."
„Nein, die Sonne ist noch nicht unter. Wir kommen noch recht gut nach Müncheberg, und dann sind wir morgen viel früher in Potsdam."
„Na, wenn es sein muss!"

Die Geschichte geht aber noch weiter: „Es zeigt sich später, dass alle Prediger die Gewohnheit hatten, dem Kutscher Pfund zehn Taler zu schenken, wenn der König bei ihnen übernachtete. Der neue Prediger von Dolgelin allerdings, der von dieser Übereinkunft nichts wusste, hatte dem Kutscher im vorigen Jahr nichts gegeben. Deswegen hatte Pfund schon den ganzen Tag so vorwärts getrieben, dass er noch vor Sonnenuntergang Dolgelin passierte und sich die zehn Taler in Müncheberg vom Bürgermeister Krahmer holte."

Ich erzähle Ihnen diese Geschichte nur, weil ich nichts zu verbergen habe. Meine Nähe zum großen König hat viele neidisch gemacht. Sie brachten Geschichten über mich in Umlauf, die meist davon handeln, dass ich dem König gegenüber grob und vorlaut auftrat. Außerdem soll ich ein Weiberheld gewesen sein und auf Kosten des Königs große Feste veranstaltet haben. Das ist doch üble Nachrede!

Als ich 76 Jahre alt war, wurde ich in den Ruhestand geschickt. Allerdings ohne Rente. Manche behaupteten, der König habe mir damit meine Unverschämtheiten heimzahlen wollen. Aber der Oberstallmeister Graf Schwerin hat dann doch noch eine Pension auf Lebenszeit, die noch acht Jahre währen sollte, in Höhe von 7 Talern und 8 Groschen monatlich erwirkt.

Zur Zierde des Schlosses: die Mühle von Sanssouci

Johann Wilhelm Grävenitz, Müller

Muss ich mich etwa vorstellen? Den Johann Wilhelm Grävenitz kennt doch jeder! Wer jemals vom Alten Fritz gehört hat, hat auch vom Müller Grävenitz gehört und seinem angeblichen Vertrauen ins Berliner Kammergericht. Aber nun mal sachte und von Anfang an.

Schon zu Zeiten des Vaters von Friedrich II., dem allseits bekannten „Soldatenkönig", passierte nichts in und um Potsdam, was der König nicht höchstpersönlich angeordnet hatte. Und wenn der König meinte, seine Potsdamer Garnison bekomme nicht genug Mehl zum Brotbacken, dann griff er in seine Schatulle und spendierte eine Mühle. Zuvor ließ er verkünden, dass ein Müller für die neue Mühle gesucht wird, der sein Handwerk versteht und ehrlich zu den Leuten ist. Dass ich den Zuschlag bekam, lag wohl auch daran, dass mein Bruder bereits eine Mühle auf dem Bornstedter Feld betrieb.

Wenn der König etwas befiehlt, kommt erst einmal eine wunderschöne Urkunde dabei heraus. Meine trug das Datum vom 6. Februar 1737. Aber dann kam die Arbeit. Haben Sie schon einmal eine Windmühle aufgebaut? Dann hätten Sie eine Ahnung, welche Plackerei es ist, die Hölzer zurechtzusägen, sie zu verbinden, das Mühlenhaus zu bauen, die Königswelle einzusetzen, das Kammrad passend zu machen, die Mühlsteine an ihren Platz zu befördern … Über ein Jahr hat es gedauert, bis ich das erste Korn zu Mehl mahlen konnte.

Da gibt es doch Postkarten, da sind ich, der König und jene Mühle zu sehen, die heute neben dem Schloss Sanssouci steht. Solche Bilder sind ganz einfach Fälschungen! Meine Mühle war eine bescheidene

Bockwindmühle, so wie in der Mark Brandenburg zu meiner Zeit üblich. Heute steht da ein sogenannter Galerieholländer, so schön und so groß, dass selbst die Niederländer neidisch werden können. Bei einer Bockwindmühle ist der gesamte Mühlenkasten drehbar auf einem „Bock" gelagert. Von Hand musste ich die rund 30 Tonnen schwere Mühle immer gegen den Wind drehen. Eine wahre Schinderei war das!

Und dann kam der neue König. Der führte in Schlesien seinen zweiten Krieg und ließ sich zur gleichen Zeit ein Sommerschloss auf den Berg neben meine Mühle setzen. Sanssouci, ohne Sorge, nannte er es. Der Mann hatte gut reden. Sie können sich vorstellen, wie es ist, neben einer Baustelle zu wohnen. Die Wege zu meiner Mühle wurden unpassierbar, der Schlossbau war häufig eine Barriere für den Wind, es wurde Sand abgetragen, sodass ich befürchten musste, meine Mühle rutscht weg. Und wer mag sich schon bei der Arbeit vom König auf die Finger schauen lassen? Friedrich und meine Mühle – das war ein Kapitel für sich. Aber abreißen kam für ihn nicht infrage. Die Mühle gehörte eben zu seinem Naturfimmel. Sie sei eine Zierde seines Schlosses, hat er selbst gesagt.

So, und nun zu der Sache mit dem Kammergericht. Ich habe damit nichts zu tun. Das hab ich schon tausendmal gesagt. Aber eine schöne Legende hält sich nun mal ewig. Angeblich soll er mir gedroht haben, die Mühle abzukaufen, weil ihn das Geklappere störte. Als ich mich weigerte, soll er gesagt haben: „Weiß Er denn nicht, daß ich Ihm kraft meiner königlichen Macht die Mühle wegnehmen kann, ohne auch nur einen Groschen dafür zu bezahlen?" Worauf ich geantwortet haben soll: „Gewiß, Euer Majestät, das könnten Euer Majestät wohl tun, wenn es – mit Verlaub gesagt – nicht das Kammergericht in Berlin gäbe." Als der König und ich schon längst nicht mehr unter den Lebenden weilten, haben offenbar preußische Oberlehrer die Geschichte erfunden, um den armen Schülern das unter Friedrich eingeführte Rechtssystem zu erklären. Oder vielleicht war es auch ganz anders.

Beim Tod des Alten Fritz befand sich die Mühle neben seinem Schloss in verwahrlostem Zustand. 1790 wurde eine neue, höhere nach niederländischem Vorbild in Betrieb genommen. Die brannte 1945 nieder. Nach dem Wiederaufbau drehen sich seit 1995 wieder die Flügel. Die Mühle an historischem Ort steht als produzierendes Museum Besuchern offen.

Enger Vertrauter und geheimer Kämmerer

Michael Gabriel Fredersdorf, Vertrauter

Mein Name ist Fredersdorf, Michael Gabriel Fredersdorf, geboren 1708 in Gartz an der Oder, gestorben 1758 in Potsdam. Ich war der Geheime Kämmerer und Vertraute Friedrichs des Großen.

Obwohl ich vier Jahre älter war als der König, behandelte er mich stets wie ein Vater. Ein guter Vater, nicht so wie ihn sein eigener Vater behandelt hat. Am Leid meiner letzten Jahre nahm er lebhaften Anteil. Er schickte seine Ärzte zu mir und empfahl mir die besten Mixturen, um mein Blasenleiden zu lindern. Immer wieder erkundigte er sich nach meinem Befinden, und er verstand es, mich auch in trüben Zeiten aufzuheitern.

In der Festung Küstrin, wo Friedrich als hochverräterischer Kronprinz festgehalten wurde, habe ich ihn mit dem Flötenspiel unterhalten. Vielleicht hatte ich einen Anteil daran, dass er nach dem Henkerstod seines Freundes Katte wieder Lebensmut fasste. So blieben wir zusammen, Friedrich und ich. Er wurde König, und ich stieg zum Geheimen Kämmerer auf. Ich wachte darüber, wer zum König vorgelassen wurde und wer nicht. Ich war eine Respektsperson. Selbst der große Voltaire schloss ein Schreiben an mich mit den Worten: „Ihr ganz ergebenster, gehorsamer Diener." Ich hatte auch die Ehre, die Schatulle des Königs zu verwalten: das, was er einnahm, und das, was er ausgab.

Hier möchte ich aber nicht über seine Finanzangelegenheiten berichten. Viel erwähnenswerter ist seine Lust an der Camouflage. Friedrich liebte die Verstellung. Schon als Bub hatte er gelernt, seine wahren Absichten zu verbergen, sich zu verstellen, und er verkleidete sich auch gern. Am schönsten war unsere gemeinsame Zeit in Rheinsberg, als er die Bürde der Krone noch nicht spürte. Und selbst im Jahr seiner Krönung ließ er den Ernst des Lebens noch auf sich warten. Friedrich wollte unbedingt französische Luft geatmet und französischen Boden betreten haben. Er hatte es sich in den Kopf gesetzt, Paris zu besuchen. Also machten sich auf den Weg: Friedrich als Graf Dufour und sein Bruder August Wilhelm als Graf Schaffgotsch. Dabei waren auch der Graf Algarotti, zwei Oberste, ein Adjutant und meine Wenigkeit.

Nach Frankreich wollte Friedrich ganz und gar inkognito. Aber niemand hatte daran gedacht, dass man an den Grenzstationen Pässe benötigt. Es war schon ein Lausbubenstück, als ich dem falschen Grafen und seiner Begleitung Notpässe schrieb. Wir siegelten sie mit dem Ring des Königs. Wenigstens der war echt. Am 23. August 1740 überquerten wir den Rhein und betraten Straßburg. Hier logierten wir im Gasthof „Zum Raben". Ihr Auftreten war von solcher Etikette, dass die kleine Reisegesellschaft dem Gouverneur von Straßburg vorgestellt wurde. Drei Tage lang blieben wir unentdeckt. Wir sahen uns in der Stadt um, bestiegen gar den Turm des dortigen Münsters und ließen uns die elsässische Küche munden. Am dritten Tag kam uns ein junger Mann in die Quere. Es war ein entlaufener Grenadier, der ernsthaft glaubte, der König sei nur gekommen, um ihn nach Preußen zurückzuholen. Er suchte beim Kommandanten um Hilfe gegen den Preußen nach. Der Kommandant seinerseits wahrte unser Inkognito. Friedrich wurde sogar auf die Zitadelle geladen. Marschall de Broglie empfing ihn mit den Worten: „Wünschen Seine Majestät, dass ich Sie als König von Preußen oder als Grafen Dufour behandle?" Darauf hatten beide eine einstündige Unterredung und besuchten anschließend das Theater. Der König nahm hier Ovationen des Publikums entgegen.

Fredersdorf brachte es zu einem der wohlhabendsten Männer in Preußen. Ihm gehörte u.a. ein Haus in Berlin und ein Gut im Ruppiner Land – das Gut Zernikow. Es ist heute ein Ziel für Ausflügler und Feriengäste. Sehenswert ist eine Allee von alten Maulbeerbäumen für die Seidenraupenzucht.

Jetzt wurde es dem König zu viel, und wir zogen uns auf heimisches Gebiet zurück. Der Weg führte nach Wesel. Dort traf sich der König mit jenem französischen Dichter, der sich selbst Voltaire nannte.

Ihm vertraute Friedrich voll und ganz

August Friedrich Eichel, Kabinettsrat

Ich bin August Friedrich Eichel, Geheimer Kabinettsrat im Dienste der preußischen Majestäten Friedrich Wilhelm I. und Friedrich II. Zeitlebens war ich bürgerlichen Standes. Selbst wenn Friedrich der Große hin und wieder geruhte, meinesgleichen in den Adelsstand zu erheben, tat er das nie bei den ihm am nächsten Stehenden. Und wer stand ihm näher? Speziell nach dem Ableben des guten Fredersdorf. „Der gute alte Eichel" war ich für ihn. Und er war für mich der Sinn meines Lebens.

Es fiel mir nicht schwer, Geheimnisse zu wahren und Seiner Majestät das Gefühl zu geben, dass streng Vertrauliches bei mir ebenso sicher ist wie bei Ihm selbst. Für König Friedrich II. war das Geheimnis eins der wichstigsten Machtmittel. Und ich war das Gefäß, dem Seine Majestät alle die Geheimnisse anvertrauen konnte. Er sagte: „Ich verschließe mein Geheimnis in mir selbst, ich habe nur einen Sekretär, von dessen Treue ich überzeugt bin; sofern man also nicht mich selbst besticht, ist es unmöglich, meine Absichten zu erraten." Für den König war klar, dass man Geheimnisse tief in der Brust zu bewahren hat. Er wusste nur zu gut, dass bei den meisten Menschen, wenn nicht die Zunge, es die Gesichtszüge und der Glanz der Augen waren, die Geheimnisse offenbarten. „Müsste ich glauben, dass mein Hemd oder meine Haut etwas von meinen Absicht wüssten, so würde ich sie mir herunterreißen." So radikal dachte er.

Je mehr ich in die geheimsten Pläne des Königs eingeweiht war, desto mehr musste ich mein Herz verschließen. Es tut zuweilen weh, viel zu wissen, aber keine Meinung äußern zu dürfen. 16 Geheime Kabinettsräte hatte der König im Laufe der 46 Jahre seiner

Für Historiker sind erhaltene Briefe Eichels eine wichtige Quelle. Auch den Gesundheitszustand des Königs betreffend. 30. März 1765: „… So haben Dieselbe (Majestät) jedoch seyt gestern einige schmertzen am Knie wider gefunden …"

Thronherrschaft. Keiner von ihnen war dem König so nahe wie ich.

Wenn Sie glauben, das Leben eines Geheimen Kabinettsrates wäre ein leichtes und luxuriöses gewesen, dann hat man Ihnen noch nichts erzählt von der Arbeitswut des Königs. Und wenn er arbeitete, hatten wir zur Stelle zu sein. Egal, ob zur Tages- oder Nachtzeit, egal an welchem Wochentag. Wer auch immer beim König vorstellig werden wollte, hatte sich zunächst an die Geheimen Kabinettsräte zu wenden. Wir bereiteten alles auf, empfahlen dem König die Antwort und entwarfen sie zugleich. Wenn der König morgens erwachte, das war spätestens um fünf Uhr, lag unsere Post auf seinem Schreibtisch.

Mein Arbeitstag begann daher um vier Uhr. Bis acht Uhr hatte er alles durchgesehen. Die Briefe mit einer zustimmenden Antwort erhielten einen Kniff nach innen, die mit einer ablehnenden einen Kniff nach außen, und jene Angelegenheiten, zu denen er sich noch ein Bild machen wollte, erhielten zwei Kniffe. Wir Kabinettsräte hatten die Antwortschreiben zu verfertigen. In aller Regel hatte der Absender die Antwort bis fünf Uhr am Nachmittag im Haus. Ich selbst kann mir schmeicheln, dem König bei seinen allergeheimsten Angelegenheiten

beigestanden zu haben. Namentlich in diplomatischen. Die ausländischen Gesandten kannten zwar meine Rolle bei Hofe, keiner von ihnen hat mich aber je zu Gesicht bekommen. Ob ich verheiratet war? Was glauben Sie, hätte der König wohl getan, wenn er mich mit einer Frau hätte teilen müssen? Nicht auszudenken!

Ich bin ein Mann ohne Gesicht. Selbst über meinen Charakter gibt es widersprüchliche Meinungen. Die einen sagen, ich sei großherzig und freundlich gegen jedermann, die anderen, ich sei jähzornig, nachtragend und kleinkariert. Es ist nicht meine Person, die zu solch unterschiedlichen Meinungen Anlass gab, sondern es waren die Entscheidungen des Königs, die ich weiterzugeben hatte. Und so war es unverfänglicher, mich zu lieben oder zu beschimpfen.

Zwischen Hoffen und Skepsis: Friedrich und die Goldmacherei

Madame Nothnagel, Goldmacherin

Man kennt mich als „Madame Nothnagel“. Das muss hier genügen. Der Hexensabbat war nie mein Ding. Warum sollen sich Frauen nur mit Sprüchen, Gebräu und Tinktur begnügen? Man soll den hohen Herren geben, was sie bedürfen. Und wenn sie Gold wollen, dann soll man ihnen Gold geben.

Michael Gabriel Fredersdorf hieß der Mann, der in der Berliner Friedrichstraße 210 ein Laboratorium mit mehreren Alchimisten unterhielt. Er wurde nicht müde zu betonen, dass er die Experimente nur zum Nutzen seines Königs betreibe. Immerhin war er „Geheimkammerier“ Friedrichs II. und somit der Verwalter der königlichen Schatulle. Da wäre es ja wohl ein gutes Werk für den eigenen Herren, wenn mehr Gold in die Schatulle hereinkäme als herausging. Immer wieder hat der Herr Fredersdorf versucht, seinen König in die Goldmacherei mit hineinzuziehen. Denn wie bei allen großen Unternehmungen muss man erst Geld hineinstecken, um es dann – leidlich vermehrt – wieder herauszuziehen.

Der gute Fredersdorf hatte es nicht leicht mit seinem König. Für ihn waren Goldmacher Kurpfuscher. Sein Rat an ihn: „Pflege dir erst, dass du besser wirst, dann können wir Gold und Silber machen. Und wenn du ja quacksalbern willst, so mache lieber Proben mit Gold und Silber, als wie mit allerhand verfluchte Medizin auf deinen Leib!“

Irgendwann im Spätsommer 1753 gab Friedrich dem Drängen Fredersdorfs nach: „Habe keine gute opinion ... aber mache du Gold und Silber in größter Menge.“ Über meine Begegnung mit dem König möchte ich mich hier nicht verbreiten, denn eine Plaudertasche bin ich nicht. In Männerkleidung bin ich ins Schloss gekommen und wurde in ein Wachzimmer geführt. Für den König schien es nichts Ungewöhnliches zu sein, die weniger prächtigen Räume seines Schlosses aufzusuchen. Mir jedenfalls hat er sich höflich und sehr interessiert gezeigt. Über meine Methode, Gold herzustellen, gab ich ihm allerdings keine präzise Auskunft. Er akzeptierte, dass das mein Geheimnis ist.

Fredersdorf berichtete mir anderntags, dass der König seine Zurückhaltung noch nicht ganz aufgegeben habe, aber bereit sei, einen Vertrag abzuschließen. Danach werde er aus seiner persönlichen Schatulle Gold zur Verfügung stellen, das ich dann nach meiner Methode vermehren werde. Noch bevor ich Gelegenheit bekam, mein Experiment zu starten, zog sich der König jedoch von allen seinen Versprechungen zurück. Fredersdorf zeigte mir den Brief des Königs: „Die gewisse Person hat uns betrogen, du hättest mich bald verführt." Und dann kam es besonders schlimm: „Die gute Frau bildet sich mehr von ihrer Wissenschaft ein, als es wahr ist. Könnte sie Gold machen, so hätte sie es längst gemacht."

Ende Oktober, Anfang November 1753 hielt sich der König in Schlesien auf. In dieser Zeit lieferte ich Fredersdorf Gold aus meinem Laboratorium. Fredersdorf war erfreut und erleichtert. Nun stand er seinem König gegenüber nicht mehr als Schwindler da. Friedrich aber blieb misstrauisch: „Wegen der Frau so lasse nur von jeder Schmelze ein Stück durch einen guten Goldschmied probieren, der wird sehen, ob es Messing, Kupfer oder Gold ist." Der König hoffte also insgeheim, dass doch alles mit rechten Dingen zuginge. Denn er instruierte Fredersdorf, er solle, handele es sich bei meinen Proben um Gold, dieses sofort zur Münze bringen und prägen lassen. Doch wieder konnte der schlaue Fuchs es sich nicht verkneifen. „Ich bin fast gewiss und überzeugt, dass es wieder Wind sein wird."

Friedrich und Fredersdorf hatten einen umfangreichen Briefverkehr. Er zeigt u.a., wie wenig der König die deutsche Sprache beherrschte.

Nun mochte sich auch Fredersdorf nicht mehr mit mir treffen. Ich wusste nicht, ob ich lachen oder weinen sollte, als ich erfuhr, dass der König ein Jahr später einem Alchimisten namens Drop einen Vertrag angeboten hat. Nur mit Müh und Not ist er wieder aus ihm herausgekommen.

Pleiten, Pech und Pannen – Friedrich und die Fontänen

Johann Valentin Pfannstiel, Wasserkunstdirektor

Darf ich mich vorstellen? Johann Valentin Pfannstiel. Ich gelangte an den König durch dessen Geheimen Kämmerer, den Herrn Fredersdorf. Das war 1754, nachdem am unseligen Karfreitag jenes Jahres die Fontänen im Park von Sanssouci sprudeln sollten, aber nach wenigen Minuten ihren Dienst quittierten. Denn das Bassin, das noch der große Knobelsdorff auf dem Hainberg (heute Ruinenberg) anlegen ließ, war leergelaufen. Es fehlte an flüssigem Nachschub.

Und wer hatte sich nicht am ununterbrochenen Wasserlauf versucht! 1752 die Holländer, die eine Kunstmühle errichteten, wie sie an der Nordsee zu Tausenden in der Landschaft stehen und Wasser schöpfen. Als sich ihr Versagen zeigte, ließ der König ein Paar Esel an die Mühle malen und titelte das Bild: „Hollandse FontaenenMaaker". Nach den Holländern kam 1753 der Brunnenmacher Osten aus Hamburg und ließ für 12.000 Taler eiserne und bleierne Rohre legen. Aber er hatte keine Idee, wie das Wasser den Berg hinaufströmen sollte. Also musste er gehen. Im Oktober des gleichen Jahres kam ein Herr George, der in Kassel durchaus taugliche Feuerspritzen konstruiert hatte. Wasser auf den Berg zu bringen, überforderte allerdings auch seine Kräfte.

Das Jahr 1754 begann damit, dass man eine zweite Kunstmühle errichtete. Dann kam es zu jenem Karfreitag, an dem die Fontänen tatsächlich für eine dreiviertel Stunde sprudelten. Das hatte aber nichts mit den Kunstmühlen zu tun. Schuld war der schneereiche Winter und das regenreiche Frühjahr, die das Bassin gut gefüllt hatten. George jedenfalls wurde in Schimpf

und Schande entlassen. Wenig später traf besagter Michael Gabriel Fredersdorf auf mich. Als ich von der Not des Königs hinsichtlich der Versorgung der Parkfontänen mit Wasser hörte, bot ich mich als Wasserkunstdirektor in den königlichen Gärten an. Im Nu hatte ich Pläne erstellt, die ich Fredersdorf überreichte. Mit meinem Einverständnis zeigte er sie dem Bauinspektor Manger, allerdings erst, nachdem sie der König selbst genehmigt hatte. Der Plan meines Projektes war einfach. Mir genügte eine Kunstmühle. Allerdings musste man dem Wasser den Aufstieg erleichtern. Und zwar, indem man es in einem Gefälle nach unten schießen lässt und den so entstehenden Schwung nutzt, um es endlich nach oben zu stoßen. Natürlich gab es Ignoranten, die meine Idee mit mathematischen Formeln bekämpften. In aller Öffentlichkeit habe ich sie zur Rede gestellt.

So gewann ich das Vertrauen des Königs, der einwilligte, dass er in Sachen Fontänen keinen anderen zurate zog und dass niemand mein Projekt tadeln dürfe. Ich erhielt das Recht, ganz nach meinem Gutdünken Werkmeister und Gehilfen anzustellen und zu entlassen. Fredersdorf versprach, monatlich die notwendige Summe Geld zur Verfügung zu stellen, und ich konnte im November 1754 das Werk beginnen.

Die Fontänen ohne Wasser blieben für Friedrich den Großen bis zu seinem Tod eine offene Wunde. Er hatte viel Geld verpulvert und war auf Scharlatane hereingefallen. Erst 1842 gelang es mit Hilfe einer Dampfmaschine, so viel Wasser in den Park von Sanssouci zu pumpen, dass die große Fontäne bis auf 38 m aufstieg.

Zunächst ließ ich die alten Röhren durch neue ersetzen. Dort, wo sie aus der Erde herausragten, wurden sie geschliffen und poliert, damit sie in der Sonne glänzen und ein gutes Zeugnis über meine Arbeit ablegen. Bis zum Sommer 1756 gingen meine Arbeiten trefflich voran. Als 12.000 Taler verbaut waren, hieß es plötzlich, der vom König für das Projekt vorgesehene Etat sei erschöpft. Und er zog in den Krieg. Was blieb mir anderes übrig, als die verbauten Materialien, so gut es nur ging, zu verkaufen?

Aber das Jahr 1759 überlebte ich nicht.

Mit Gewehr und Spinnrad – als Langer Kerl in Potsdam

James Kirkland, Langer Kerl

Meine Name ist James Kirkland, ich wurde 1714 in Irland geboren und habe mit dazu beigetragen, dass in ganz Europa das Wort „Potsdamer" gleichbedeutend mit einem hochgewachsenen Mann war. Ich wurde während der Regierungszeit des Vaters von dem als „Großen" bezeichneten König nach Preußen geholt. Der Grund: Ich war wirklich groß. Ich passte durch keine Türöffnung und in kein Bett. In die Uniform der Leibgrenadiere des früheren Königs passte ich gut, denn sie wurde mir auf den Leib geschneidert.

Der „Soldatenkönig" genannte Friedrich Wilhelm I. hatte an uns großen Grenadieren einen Narren gefressen. Zur ohnehin schon außerordentlichen Körpergröße – wir waren durchschnittlich einen Kopf größer als die Normalbürger – kam ja noch die 28 cm lange Grenadiermütze.

Der König liebte seine Riesengarde so, dass er uns malen ließ und die Bilder im Potsdamer Schloss aufhängte. Riesengarde, Vorzeigetruppe, Spielzeugsoldaten – mit vielen Namen wurden wir Langen Kerls belegt. Aber wir waren meist einfache Bauernsöhne, denen die Körpergröße eher ein Fluch, denn Segen war. In den Katen unserer Eltern mussten wir uns gebeugt bewegen, wir waren ungelenk und wurden gehänselt. Da war es vielleicht gar nicht so ein Unglück, dass da im fernen Potsdam ein Monarch war, der uns mochte. Und er bezahlte gut. Im Lauf der Jahre bildeten sich feste Preise für einen geworbenen Langen Kerl heraus. Ein gewöhnliches Handgeld für einen fünf Fuß zehn Zoll (nach Rheinischem Maß 1 Fuß = 31,4 cm) großen Mann waren 700 Taler. Für einen von sechs Fuß wurden 1.000 Taler bezahlt. Es heißt, ich sei mit meinen 2,17 Metern der teuerste gewesen: 7.161 Reichstaler. Wie mein „Transfer“ 1734 ablief, kann man aus der Depesche des Preußischen Gesandten in London von Borcke betreffs „Anwerbung des James Kirkland für das Leibregiment in Potsdam“ entnehmen. Darin werden alle Kosten aufgelistet: der Lohn für die zwei Kundschafter, die mich aufgespürt haben, für den Kerl, der mich nach London gebracht hat, für die Verwandten, die bei dem Handel eingeweiht waren, die Reisekosten, die Kosten für neue Kleidung, meine Bewacher, die Bestechung eines Richters. Ich selbst tauche auf der Liste mit lediglich einem Pfund als Handgeld auf.

Und jetzt kommt das Seltsamste: Ich gehörte bis zum Tod des „Soldatenkönigs“ zu den zwölf „Unrangierten“ Riesen. Damit waren wir nicht der kämpfenden Truppe zugeordnet. Wir ausgesuchten Riesen hatten vor allem für Repräsentationszwecke zur Verfügung zu stehen. Es ist ja allgemein bekannt, dass die Beisetzung des Königs 1740 unser letzter Auftritt war. Der neue König löste die Langen Kerls auf. Auch seine Leibgarde bestand nur aus ausgesuchten jungen Männern. Allerdings spielte bei ihnen die Schönheit eine viel wichtigere Rolle als die Größe.

Potsdam blieb auch unter Friedrich II. eine Soldatenstadt. Allerdings erhielt sie ein Festkleid. Viel Geld gab der König aus, damit die Fassaden seiner Residenzstadt seinen allerhöchsten Ansprüchen genügen konnten. Schließlich lieferte er selbst die Vorgaben. Ob die Fassade zum Haus dahinter passte, interessierte ihn wenig. Da geschah es nicht selten, dass die Fenster auf der Höhe des Fußbodens waren, dass Fenster auf die Hauswände gemalt wurden und dass die Tore nicht zur Einfahrt passten. Die Zahl der Soldaten in Potsdam wuchs während der Regierungszeit Friedrichs II.

Das Alte Rathaus in Potsdam ist das neue Domizil des Potsdamer Stadtmuseums. Wie die Langen Kerls in Potsdamer Bürgerhäusern lebten und wie das Militär die Stadt prägte, wird in einer Dauerausstellung dokumentiert.

Was kaum wuchs, war die Stadt. Es lässt sich denken, dass es immer enger innerhalb der Stadtmauern wurde. Mir selbst ging es nicht schlecht unter Friedrich dem Großen. Ich kam 1740 als Heiducke in den Hofstaat Friedrichs II. und starb als wohlhabender Kaufmann 1779 in Berlin. Irland habe ich nie wieder gesehen.

Vom Raufbold zum Husarengeneral

Hans Joachim von Zieten, General

Auf einen Sockel haben sie mich gestellt, ganz unmilitärisch in Denkerpose. Meine Husarenuniform ist allerdings unverkennbar. Der Kalpak erscheint mir jedoch zu glatt. Etwas rauer durfte die Pelzmütze durchaus sein, mit der wir uns – egal auf welcher Seite der Front – schon von weitem erkannten. Selbst im Kampf auf Leben und Tod respektierten sich die Husaren. Ach so, Hans Joachim von Zieten mein Name. Ich war 1741 bis 1786 Chef des Brandenburgischen Husarenregiments Nr. 3, die „Zieten-Husaren". Aber in Kriegszeiten hat mich der König gelegentlich als Oberkommandierender seiner Streitkräfte eingesetzt.

Das Vertrauen des Königs musste ich mir buchstäblich erkämpfen. Anfangs sah es so aus, als fände sich für mich kein Platz beim Militär, obwohl sich mir als Sohn eines ärmlichen Landedelmanns kaum eine andere Karrieremöglichkeit öffnete. Ich war zu klein, zu schmächtig, vor allem aber zu undiszipliniert und – ich sage es ehrlich – zu versoffen. Zweimal haben sie mich gefeuert, sogar Festungshaft musste ich abbüßen. Aber dann, es war noch zur Zeit des „Soldatenkönigs", kam der Alte Dessauer auf die Idee, die Husarentruppe zu vergrößern. Da wurden solche Leute wie ich gebraucht: verwegen, reaktionsschnell, entscheidungsfreudig. Ausgerechnet ein österreichischer Husarenoffizier sollte mein Lehrmeister sein. Ich sage Ihnen, Husaren sind

In der Kirche Wustrau befindet sich das Grab des Alten Zieten und gleich davor steht er auf dem Sockel. Mittwochs von 13 bis 16 Uhr sind auch die Türen des Zieten-Schlosses für Besucher geöffnet (Juli bis August Sommerpause).

Wer mehr über die Geschichte von Wustrau erfahren möchte, dem sei das Heimatmuseum in der ehemaligen Schule mitten im Ort empfohlen. Es ist mittwochs, samstags und sonntags an den Nachmittagen geöffnet.

etwas ganz Besonderes. Sie gehören zwar zur regulären Armee, aber handeln häufig wie Freischärler. Sie unterbrechen Verbindungslinien, zerstören Depots, verwickeln den Feind überraschend in kleine Scharmützel, verwirren durch Überraschungsmanöver. Dafür haben sie wendige Pferde und leichte Waffen und wissen, dass sich einer auf den anderen immer verlassen kann. Da war es egal, ob einer von Adel war oder nicht, der preußische Kadavergehorsam kam bei uns nicht an. Dafür besitzen Husaren einen stark ausgeprägten Korpsgeist. In meiner Truppe gab es keine Schläge, schon gar kein Gasselaufen. Es gab auch so gut wie keine Deserteure. Und glauben Sie mir, ich war streng. Aber ich wusste auch, was meine Männer dachten und fühlten. Außerdem gab mir mein Gottvertrauen genug Kraft, um eine so ungestüme Meute, wie es ein Husarentrupp nun einmal war, zusammenzuhalten.

Doch zurück zu meinem Verhältnis zu Friedrich dem Großen. Als Major zog ich 1740 mit aus zur Eroberung Schlesiens. Der Krieg begann im Dezember. Im Mai wurde ich zum Oberstleutnant befördert und im Juli zum Oberst. Damit bekam ich mein eigenes Regiment – die „Zieten-Husaren“. Im Zweiten Schlesischen Krieg war ich erfolgreich an einer größeren Operation beteiligt. Wir überraschten und überrumpelten den Feind. „Zieten aus dem Busch“ wurde bald zum geflügelten Wort.

In den Siebenjährigen Krieg zog ich als Generalleutnant und als enger Freund des Königs. Aber ich möchte Sie nicht mit der Aufzählung meiner Schlachten langweilen. Das Schicksal meinte es immer gut mit mir: Meist gehörten meine Husaren zu den Siegern, und ich selbst blieb heil. Ich brachte es sogar zum „General der Kavallerie“, das heißt, zum Chef aller berittenen Truppen, und wurde mit dem Schwarzen Adlerorden dekoriert. Nach dem Krieg blieben der König und ich engste Freunde. Ich starb ein Vierteljahr vor ihm.

Falsche und echte Dokumente: So werden Kriege gemacht

Helmuth Burkhard von Maltzahn, Gesandter
Graf von Wylich und Lottum, Militär

Das entscheidendste Ereignis während der Thronherrschaft Friedrichs II. war ohne Zweifel der Siebenjährige Krieg. Mit seinen Schauplätzen in Europa, Nordamerika und Indien war er der erste weltumspannende Krieg der Geschichte. Er ging erst zu Ende, als alle Kriegsparteien völlig erschöpft waren. Preußen verlor ungefähr eine halbe Millionen Menschen. Der König schilderte die Lage so: „Adel und Bauern waren von so viel verschiedenen Armeen geplündert, ausgesaugt, ausgegessen; nichts war geblieben als das Leben und elende Lumpen." Zwei Zeitzeugen berichten über die Anfangsphase dieses unseligen Krieges.

von Maltzahn
Nun gut, wenn Sie schon danach fragen, will ich Ihnen auch antworten. Ja, es hat die Geheimpapiere gegeben, die seine Majestät Friedrich II. veranlasst haben, präventiv einen militärischen Schlag gegen die österreichisch-französisch-russische Koalition zu unternehmen.

Mein Name ist Helmuth Burkhard von Maltzahn, 1753 bis 1755 als Geheimer Legationsrat preußischer Gesandter am Hof in Stockholm, anschließend bis 1756 in gleicher Funktion am Hof in Dresden. Ich kann einiges berichten über die schicksalhaften Wochen vor Ausbruch des Großen Krieges, der sieben Jahre dauern sollte. Seit 1753 war Wenzel Anton Graf Kaunitz als Haus-, Hof- und Staatskanzler unter Maria Theresia für die österreichische Außenpolitik verantwortlich. Sieben Jahre lang arbeitete er an einem Bündnis, das Österreich in die Lage versetzen sollte, sich Schlesien zurückzuholen. Es gelang ihm, die alten Rivalen Frankreich und Russland als Verbündete zu gewinnen. Sachsen gesellte sich insgeheim diesem Bündnis hinzu. Im Frühsommer 1756 erhielt Friedrich Kenntnis von einer französisch-russischen Annäherung und von russischen Truppenbewegungen. Von mir wollte er Genaueres wissen.

Und er erfuhr es: Mein Vertrauensmann in Dresden hieß Friedrich Wilhelm Menzel. Er war kursächsischer Geheimsekretär. Bereits 1740, also mit 16 Jahren, erhielt er eine Anstellung im kurfürstlich-königlichen Kabinett. Seine untergeordnete Rolle am ansonsten so glanzvollen Hof erfüllte ihn mit Ehrgeiz und einem Hang zur aufwendigen Lebensweise. Diesen Lebensstil zu ermöglichen, hat sich die preußische Gesandtschaft in Dresden seit 1752 eifrig bemüht. 500 Goldtaler wurden für diesen Mann ausgegeben.

1756 besorgte er uns Abschriften der Korrespondenzen mit Österreich und Russland, aus dem die antipreußische Allianz eindeutig hervorging. Menzel hat später angegeben, für seine Dienste 3.000 Taler erhalten zu haben, eine – gemessen am politischen Nutzen – unbedeutende Summe. Als Mittelsmann fungierte sein Schwager, ein Goldschmied namens Erfurth. Menzels Lebensweise hat ihn offenbar verraten. Er wurde 1757 in Warschau, wo er sich dienstlich aufhielt, verhaftet und ab 1763 auf der Feste Königstein in Gefangenschaft gehalten. Nach 33 Jahren ist er dort gestorben. Erfurth starb bereits 1778 auf dem Königstein. Doch zurück ins Jahr 1756. Mit einer chiffrierten Depesche, geschrieben am 26.

August auf Schloss Sanssouci bei Potsdam, erhielt ich vom König folgende Anweisung, ich zitiere: „Begeben Sie sich unmittelbar nach Empfang dieser Depesche zum Grafen von Brühl und ersuchen Sie ihn, Sie so bald als möglich zur Audienz bei Seiner Majestät dem König von Polen zuzulassen. Hierauf werden Sie diesem Fürsten oder – wenn die Audienz bei ihm Schwierigkeiten oder Verzögerungen finden sollte – einfach seinem Minister in meinem Namen erklären, dass die zwischen mir und der Kaiserin-Königin entstandenen Zwistigkeiten mich

Friedrich der Große: Gedanken über den Krieg, 1755:
„Ich glaube, ein vernünftiger Mensch, dessen Leidenschaften schweigen, wird nie einen Krieg beginnen, in dem er sich von Anfang an in der Defensive halten muss. Umsonst prahlt man mit edler Gesinnung: Jeder Krieg, der nicht zu Eroberungen führt, schwächt den Sieger und entnervt den Staat. Man muß also nie zu Feindseligkeiten schreiten, wenn man nicht die begründete Aussicht hat, Eroberungen zu machen."

zu meinem großen Bedauern in die unangenehme Notwendigkeit versetzen, mit meiner Armee in Sachsen einzudringen, um von da nach Böhmen einzumarschieren. Sie werden diese Erklärung mit alle dem begleiten, was die Höflichkeit Ihnen an Herzlichkeit von meiner und an Ehrerbietung von Ihrer Seite eingeben wird, um ihn glauben zu lassen, dass es sich um eine Sache absoluter Notwendigkeit und Pflicht handelt, und dass man ganz allein dem Wiener Hofe alles zuschreiben müsse, was diese Tage an Härte und Unannehmlichkeiten mit sich bringen ..."

von Wylich und Lottum
Am 29. August rückten die preußischen Truppen in Sachsen ein. Das Hauptheer unter Friedrich II. mit 50.000 Mann Infanterie, 16.000 Mann Kavallerie und 222 Kanonen marschierte, ohne auf nennenswerten Widerstand zu stoßen, auf Dresden zu. Und nun komme ich ins Spiel. Gestatten, Graf Friedrich Wilhelm von Wylich und Lottum, im entscheidenden Jahr 1756 noch ein Hauptmann im Heer seiner Majestät, dem König in Preußen. Mir sind die Geschehnisse am Dresdner Hof sehr peinlich, weshalb ich nur ungern darüber spreche. Dass der König gerade mich für die heikle Mission in Dresden auswählte, sah ich als eine Ehre an. Dass sie solch einen misslichen Ausgang nahm, konnte ja niemand voraussehen.

Wie Herr von Maltzahn bereits ausführte, war es für Friedrich nur eine Frage der Zeit, dass die in den Jahren davor mühevoll geschmiedete Koalition aus Österreich, Russland und Frankreich unser Preußen angreifen und Schlesien zurückerobern würde. Er entschloss sich daher, am 29. August – bei sengender Hitze – in das formell neutrale, aber der Koalition zugeneigte Sachsen einzumarschieren. Wenn er vor aller Welt nicht als Räuber und Mordbrenner erscheinen wollte, musste er an die Originale der geheimen Papiere herankommen, die er durch seinen Gesandten am sächsischen Hof und dessen Spion, den Rat Menzel, erhalten hatte. Was Friedrich besaß, waren aber nur die Abschriften der Verträge, die die antipreußische Allianz dokumentierten. Den letztendlichen Beweis dafür, dass Friedrich in Notwehr in Sachsen einmarschiert war, konnten nur die Originale der Verträge erbringen.

Die wiederum befanden sich in der Kabinettskanzlei im Dresdner Schloss. Während sich der sächsische König August III. (der Sohn Augusts des Starken) feige auf der Festung Königstein verschanzt hatte, residierte Königin Maria Josepha mit ihren Kindern weiterhin in Dresden. Dort wachte sie auch über die königliche Schatulle mit den so wichtigen Papieren. In einem Brief an den sächsischen König kündigte Friedrich am 1. September an, er werde die Konspiration der Koalition gegen Preußen beweisen. Am 9. September ließ ich mich bei der Königin anmelden und forderte die Papiere heraus. Angesichts der Lage, in der sie sich befand, blieb ihr schließlich keine andere Möglichkeit. Dennoch weigerte sie sich entschieden, die Dokumente auszuhändigen. Sie stellte sich vor die Tür der Kabinettskanzlei und verwehrte mir und den begleitenden Offizieren den Zutritt. Der Befehl, den ich vom König aufgetragen bekam, war allerdings eindeutig: Herbeischaffung der Dokumente, notfalls durch den Einsatz von Zwangsmitteln. Die Situation wurde hochnotpeinlich. Wie geht man mit einer Königin um, die nicht mit sich reden lässt?

Handgreiflich werden, war das Letzte, was ich anstrebte. Ich warf mich ihr also vor die Füße, wobei ich sie gleichzeitig körperlich bedrängte. Unsere Verlegenheit war groß. Mit der Bemerkung, sie weiche der Gewalt, konnten wir uns schließlich der Papiere bemächtigen. Drei Säcke mit den von unserem König erwarteten Akten trugen wir aus dem Kabinett. Friedrich besaß jetzt die Originale zu den für ihn so wichtigen Verträgen. Die Königin aber rief die ausländischen Gesandten zusammen und schilderte mit drastischen Worten das Geschehen im Schloss. Sie fügte hinzu, dass man das, was man ihr angetan hat, allen Herrschern angetan habe.

In dem nun folgenden Krieg bekam ich ausreichend Gelegenheit, mich im Kampf Mann gegen Mann zu beweisen. Dabei ging es vielleicht gefährlicher zu als im Zweikampf mit einer Königin, aber die Situationen waren eindeutig weniger peinlich. Als die Waffen wieder schwiegen, hatte ich es zum General gebracht und wurde zum Berliner Stadtkommandanten ernannt.

Ein bürgerlicher General: Darf der das?

Friedrich Wilhelm von Rohdich, General

Gestatten, Friedrich Wilhelm von Rohdich, geborener Rohdich, ohne „von“. Den Adelstitel verlieh mir der König höchstpersönlich. Das war – heute kann ich das sagen – der reine Egoismus von ihm. Ein Bürgerlicher im hohen Offizierskorps – das durfte es bei ihm einfach nicht geben. Ich war nicht der einzige Offizier, den er daher in den Adelsstand erhob. Und er tat das zähneknirschend. Vielleicht kennen Sie die Anekdote, wonach Friedrich einmal bei Tisch gesagt haben soll: „Ich weiß nicht, woher es kömmt, dass aus den bürgerlichen Offizieren, wenn ich sie zu Edelleuten mache, nichts Rechtes werden will.“ Als man dem König das Beispiel des Obersten Rohdich entgegenhielt, meinte der König: „Ei was, der Oberst Rohdich ist ein alter Edelmann, das weiß ich besser.“

Für Friedrich II. waren Adel und Bürgertum zweierlei Menschen. Seiner Ansicht nach konnten nur Abkömmlinge aus adligen Familien ihrem König die unbedingte Loyalität erweisen, die er erwartete. Er war in dieser Beziehung viel dünkelhafter als sein Vater, unter dessen Oberbefehl tüchtige bürgerliche Offiziere dienten. Viele von ihnen wurden von dem „aufgeklärten“ Nachfolger gleich nach der Thronbesteigung entlassen. In ganz seltenen Ausnahmefällen bot er Bürgerlichen eine Chance – und erhob sie meist in den Adelsstand. Er tat das vor allem dann, wenn er gut ausgebildete Spezialisten brauchte. Außerdem fielen in seinen drei Kriegen so viele Adelssöhne, dass der Nachschub stockte. Ein Beispiel: Allein die Familie von Kleist entsandte 116 Mitglieder in die Armeen Friedrichs, 30 davon blieben auf dem Schlachtfeld. Ich war also eine jener berühmten Ausnahmen, die die Regel bestimmten. 1719 kam ich in Potsdam als Sohn eines einfachen Feldwebels zur Welt. Als Fähnrich im

I. Bataillon Garde, bei den Langen Kerls also, begann ich mit 18 Jahren meine Offizierslaufbahn. König Friedrich Wilhelm I. persönlich hatte mich dazu berufen. In allen Kriegen des nachfolgenden Königs war ich dabei: Im Ersten Schlesischen Krieg wurde ich zum Leutnant befördert, im Zweiten zum Premierleutnant, in den Siebenjährigen Krieg marschierte ich als Kapitän und brachte es durch Tapferkeit zum Major und zum Kompaniechef. 1767, nach Kriegsende, empfing ich das Patent als Oberst.

Doch damit war meine Karriere längst nicht beendet. 1776 machte mich der König zum Kommandeur des Regiments Garde und zum Inspekteur aller in Potsdam stationierten Truppen, zugleich hatte ich die Aufsicht über das Große Militärwaisenhaus. Im Rang eines Generalmajors bekleidete ich das Amt des Kommandanten von Potsdam. Mein Arbeitsplatz befand sich im „Kommandantenhaus" in der Lindenstraße. Hier bemühte ich mich erfolgreich um die Verminderung der Lasten, die auf den Potsdamer Quartierwirten ruhten. Ein besonderes Anliegen war mir die Verbesserung der Lebensbedingungen der Kinder im Waisenhaus, aber auch in anderen Potsdamer Schulen.

In den letzten Jahren Friedrich des Großen war ich einer der wenigen, mit denen der König noch Kontakt hatte. Am 16. August 1786 erstattete ich wie jeden Tag Punkt 10 Uhr meinem König auf Schloss Sanssouci Meldung, um die Parole für den Tag einzuholen. Ich war der letzte Offizier, der Friedrich II. lebend gesehen hat. Der Nachfolger Friedrich Wilhelm II. betraute mich mit der Überführung des Leichnams zum Potsdamer Stadtschloss und von dort in die Gruft der Garnisonkirche. Entgegen dessen letztem Willen. Ich hatte nun dem lebenden König zu gehorchen, nicht mehr dem toten. Auch unter dem neuen König brach meine Karriere nicht ab. Ich avancierte zum Generalleutnant, schließlich zum Kriegsminister und Mitglied des Staatsrates. Ich starb 1796 und wurde auf dem Berliner Invalidenfriedhof beigesetzt.

Seinen Berliner Immobilienbesitz am Pariser Platz vermachte General Rohdich der Grenadiergarde, die das Geld einzig zur Erziehung der Kinder von Bataillons-Angehörigen verwenden sollten. Bis 1945 dauerten diese Zuwendungen, inzwischen von einer Stiftung verwaltet, an. Nach manchem Hin und Her ist die Stiftung inzwischen wieder tätig und arbeitet mit dem Soldatenhilfswerk der Bundeswehr und dem Bundeswehr-Sozialwerk zusammen.

Von Friedrich lernen, heißt siegen lernen

Friedrich Wilhelm von Steuben, Offizier

Hinter dem Marstall, dem einzigen erhaltenen Gebäude des einstigen Potsdamer Schlosskomplexes, steht ein Denkmal. Es zeigt einen ernst dreinblickenden muskulösen Mann mit Dreispitz und einem Überhang über der Uniform des 18. Jahrhunderts. Auf dem Sockel ist sein Name zu lesen: Friedrich Wilhelm von Steuben. Das bin ich, geboren 1730 in Magdeburg, gestorben als General 1794 in Utica, USA.

Sie denken: Steuben? Da war doch was! Diese „Parade" an jedem dritten Sonnabend im September entlang der New Yorker Fifth Avenue. Nein, keine Parade, sondern eher ein deutscher Trachtenumzug, bei dem eindeutig die bayerischen (!) Outfits überwiegen. Das ist die Gelegenheit, den anderen Amerikanern deutsche Lebenslust und Fröhlichkeit unter Beweis zu stellen. Dafür gibt man doch gern seinen Namen her! Ich verdiente mir diese Ehrung, indem ich nach der Erringung der Unabhängigkeit die amerikanische Kontinentalarmee aufbaute und befehligte.

Als ich in eine Magdeburger Militärfamilie hineingeboren wurde, konnte niemand ahnen, dass ich ausgerechnet in Übersee Karriere machen sollte. Selbstverständlich trat ich in die preußische Armee ein und war zu Beginn des Siebenjährigen Krieges ein 26-jähriger Leutnant. Ich wurde Mitglied eines Freibataillons, dessen Aufgabe darin bestand, überraschende Angriffe in Feindesland zu führen. 1761 geriet ich in russische Kriegsgefangenschaft, kam aber mit dem Austritt Russlands aus der antipreußischen Allianz frei.

So wurde ich nach Potsdam in den Stab des Generalquartiermeisters befohlen. Als Stabskapitän nahm ich meinen Ab-

1911 stiftete der amerikanische Kongress dem deutschen Kaiser und dem deutschen Volk ein Denkmal, das gegenüber der nicht mehr existierenden Kommandantur in der Potsdamer Schloßstraße aufgestellt wurde. Es ist eine Kopie des Steuben-Denkmals vor dem Weißen Haus in Washington. In der Bombennacht vom 14. April 1945 wurde es vom Sockel gestürzt und später eingeschmolzen. 1994 wurde eine erneute Kopie hergestellt und hinter dem Marstall aufgestellt. Der Original-Standort ist durch eine Bodenplatte gekennzeichnet.

schied aus der preußischen Armee, Friedrich brauchte mich – wie viele andere Offiziere und Mannschaften – nicht mehr. Die folgenden Jahren sahen mich im Badischen. Und 1777, zwei Jahre nach dem amerikanischen Unabhängigkeitskrieg, lernte ich in Paris Benjamin Franklin kennen, der dort als Botschafter der USA fungierte und zugleich ein hochgeachteter Schriftsteller war. Er war es auch, der mich nach Amerika einlud.

Im Rang eines Generalmajors verwandelte ich in den folgenden Jahren eine bunte Truppe von Freiheitskämpfern in eine disziplinierte Armee. Ich erarbeitete die „Regeln für die Ordnung und Disziplin der Truppen der Vereinigten Staaten" und gelte seither als der Architekt der US-Army. Und als ein hervorragender Kämpfer für die Unabhängigkeit. 1783 schied ich, im tiefen Innersten noch immer ein Preuße, mit allen Ehren aus der amerikanischen Armee aus. Ehrenamtlich führte ich den Vorsitz der 1784 gegründeten Deutschen Gesellschaft.

Wussten Sie, dass der weltweit bekannteste Begriff auf mich zurückgeht? Es ist das amerikanische o.k. Dabei war es mein etwas holperiges Englisch, das dazu führte. Beim Abzeichnen von Dokumenten mit dem damals üblichen „all correct" verfuhr ich nach der für deutsche Ohren verständlichen Aussprache. Ich übertrug das a von all – so wie man es hört – in ein o und das c von „correct" in ein k. Und schon war das o.k. geboren!

„Mein lieber Baron, ... so möchte ich diesen letzten Augenblick meines öffentlichen Wirkens dazu nutzen, um Ihnen mit den stärksten Worten meinen wärmsten Dank für Ihre dem Land geleisteten treuen und ausgezeichneten Dienste auszusprechen." (George Washington, gekürzt). Sechs Städte der USA tragen inzwischen meinen Namen.

Er gab mir die Ehre, sein Feind zu sein

Heinrich Graf Brühl, Premierminister

Kennen Sie Dresden, die Brühlschen Terrassen an der Elbe mit den „Brühlschen Herrlichkeiten“: der Bildergalerie, der Bibliothek, dem Belvedere, dem Palais und der Gartenanlage? Ohne mich gäbe es das nicht! Und wenn Dresden noch immer als Kunstmetropole von europäischem Rang gilt, dann ist das vor allem mein Verdienst. Ich war es, der die Sixtinische Madonna und viele andere Kunstwerke alter Meister an die Elbe holen ließ.

Dabei entstammte ich noch nicht einmal dem Hochadel. Wenn man es mit den Maßstäben des Adels misst, sogar aus ärmlichen Verhältnissen. Durch Klugheit, Fleiß und unbedingte Verlässlichkeit konnte ich jedoch schnell Karriere am Hof August des Starken machen, der gleichzeitig Kurfürst von Sachsen und König von Polen war. Bereits mit 31 Jahren war ich sein engster Vertrauter, wurde sein Geheimer Rat, Finanzminister und Außenminister. Nach dem Tod August des Starken 1733 machte mich dessen Nachfolger, Friedrich August II., zum Premierminister mit allen Vollmachten. Mit beiden Königen brachte ich Sachsen zu seiner schönsten Blüte, kulturell und politisch. Auch wenn die Finanzlage alles andere als rosig war. Oft fehlte das Geld, um auch nur die Zinsen der Schulden der Staatskasse zu bezahlen. Ich selbst hatte allerdings nie Grund zu klagen. Wenn nach meinem Tod Gerüchte gestreut wurden, ich hätte Geld im großen Stil unterschlagen, dann haben die sich immer wieder als haltlos erwiesen.

Irgendwann lief in Sachsen nichts mehr ohne mich, auch – oder besser gerade – in der Außenpolitik. Es war meine vornehmste Aufgabe, Sachsen im Konzert der europäischen Mächte stärker hörbar werden zu lassen. Den Aufstieg Preußens beobachtete ich mit größter Sorge, denn sollte sich die Rivalität der Häuser Hohenzollern und Habsburg weiter verstärken, konnte Sachsen nur zwischen die Mühlsteine geraten. So war mein erklärtes Ziel, Preußen wieder zur unbedeutenden „märkischen Streusandbüchse“ zu machen, die es am Ende des Dreißigjährigen Krieges war.

Kein Wunder, wenn ich in Konfrontation zu Preußenkönig Friedrich II. geriet. Und das gleich in mehrfacher Hinsicht. Nach dem Raub Schlesiens durch Preußen war Sachsen zu einem Hindernis zwischen dem märkischen Kernland Preußens und den eroberten Gebieten geworden. Man muss nur einmal auf die Landkarte schauen, um das zu verstehen. Das konnte nicht gut gehen. Andererseits war da die Rolle Dresdens als Anziehungspunkt für Schöngeister aus ganz Europa, eine Rolle, die Friedrich II. sich selbst zugedacht hatte. Und das Meißner Porzellan, die Leipziger Messe und das fröhlichere Leben, das sich die Sachsen gönnten. Verständlich, wenn mich der Preußenkönig Friedrich II. beneidete, und wer Neid hegt, der hasst auch.

Es machte mir Freude, an den Höfen Europas gegen Preußen zu intrigieren und zu konspirieren. Ich war nicht ganz unbeteiligt daran, dass sich eine europäische Allianz zusammenfand, um dem Preußenkönig seinen dreisten Raub wieder abzujagen. Aber ausgerechnet Friedrich II. gelang es, in meine Kanzlei einen Spion einzuschleusen. So kam er in den Besitz von Geheimdokumenten jener antipreußischen Koalition, zu der selbstverständlich auch Sachsen gehörte. Die Folge: 1756 fiel Preußen mit einer fünffachen Übermacht in Sachsen ein, besetzte, zerstörte und plünderte, dass selbst die eigenen Feldherren Gewissensbisse bekamen. Auf seinen ausdrücklichen Befehl hin wurden auch alle meine Besitzungen geplündert. Sieben Jahre dauerte dieser Krieg, der nur aufgrund der Erschöpfung aller Beteiligten zu Ende ging. Dabei hatten die Sachsen die größten Opfer zu tragen, denn sie mussten nicht nur ihr Land wieder aufbauen, sondern den Preußen auch noch einen Großteil der Kriegskosten erstatten.

Graf Brühl wurde in der Stadtkirche von Forst beigesetzt. Nach einem Stadtbrand von 1748 hatte er deren Wiederaufbau weitgehend aus eigener Tasche finanziert.

Geschwisterliebe und Notgemeinschaft

Wilhelmine von Bayreuth, Schwester

Ich bitte Sie, versäumen Sie beim Besuch des Parks von Sanssouci keinesfalls, mir Ihre Aufwartung zu machen. Sie sind stets willkommen. Ein wenig abseits der Hauptallee, kurz vor dem gewaltigen Neuen Palais, finden Sie den Freundschaftstempel; und dort sitze ich, einen Brief in der Hand, und es ist nicht schwer zu erraten, von wem er stammen mag. Von meinem kleinen Bruder Fritz, den Sie als den „Großen" bezeichnen. Wir beide wissen, was es heißt, „Königskinder" zu sein: Lieblosigkeit, Strenge und Entbehrungen.

Ich vergaß mich vorzustellen. Mein Name ist Friederike Sophie Wilhelmine; geboren wurde ich am 3. Juli 1709 im Berliner Schloss. Just zu dieser Zeit fand das „Dreikönigstreffen" statt, mein Großvater Friedrich I. hatte Besuch: König Friedrich IV. von Dänemark und August der Starke, König von Polen und Kurfürst von Sachsen. Dieses Königstreffen war ein rauschendes Fest, und alle drei wurden meine Taufpaten. Ist das nicht entzückend, wenn man bedenkt, dass sich mein Vater, damals noch Kronprinz, viel lieber einen Knaben gewünscht hatte? Denn bei uns Hohenzollern gibt es nur die männliche Thronfolge.

Meine Kindheit und die meines drei Jahre jüngeren Bruders habe ich in meinen Memoiren geschildert. Dort können Sie nachlesen, wie mein Vater mich, aber viel mehr meinen Bruder, tyrannisierte. Kein Berliner Tagelöhner hätte sich so gegenüber dem eigenen Kind aufgeführt. Ich aber liebte meinen Bruder und schrieb in meinen Memoiren: „Er war der liebenswürdigste Prinz, den man sehen konnte, hübsch gewachsen, voll Geistesüberlegenheit und mit allen Eigenschaften, die einen vollkommenen Fürsten zieren, versehen." Ich selbst hatte unter meiner Erzieherin Leti zu leiden. Sie schlug mich und behandelte mich grob. Meinen Eltern

Wilhelmine starb am 18. Oktober 1758 mit nicht einmal 50 Jahren. Ihr Bruder Fritz erlitt am gleichen Tag bei Hochkirch mit seinen Truppen eine schmerzhafte Niederlage.

sches Kaiserreich spielen sollte. Aber die österreichischen Einflussagenten leisteten ganze Arbeit: Ich wurde nicht Königin von England, sondern Markgräfin von Bayreuth. Welch Gegensatz! Aber ich liebte meinen Angetrauten – jedenfalls solange er mir treu war.

Mein Bruder Fritz und ich blieben uns immer innig verbunden – während seiner Festungszeit in Küstrin und seiner Jahre in Rheinsberg. Als Fritz König wurde, gerieten wir in Gegensätze, die sogar in eine Sprachlosigkeit mündeten. Aber wir beide fanden einen Trick, unsere Verbindung zu retten: Wir ließen unsere Lieblingshunde miteinander korrespondieren. Und die verrieten uns, was der jeweils andere dachte. Diese Zeit war für mich sowohl traurig, wie auch lustig. Irgendwann war alles wieder im Lot, und ich konnte endlich nach Berlin reisen, um Fritz zu besuchen. Dort traf ich wichtige Herren, den Philosophen Voltaire zum Beispiel oder den Musiker Quantz.

Ich bemühte mich, in Bayreuth einen anspruchsvollen Hof zu führen. Ich gründete eine Universität und eine Kunstakademie. Sogar eine Oper habe ich komponiert. Aus Bayreuth holte sich mein Bruder übrigens bedeutende Architekten, die ihm bei der Ausgestaltung seiner Residenz Potsdam behilflich waren.

konnte ich mich nicht anvertrauen, denn auch sie lebten im Dauerzwist. Ein Wunder, dass meine Mutter vierzehn Kinder gebar, von denen zehn das Erwachsenenalter erreichten. Mein Vater nannte sie schlicht „mein Fiekchen".

Sie müssen wissen, dass meine Mutter aus dem Hause Hannoer kam, das damals den englichen Thron besetzte. Ihr Vater war der englische König Georg I. Da liegt es nahe, dass meine Mutter eine Verbindung zwischen dem mächtigen England und dem armen Preußen herbeiführen wollte. Und das durch meine Vermählung mit dem englischen Thronfolger. Für meinen Vater war ich aber ein Spielball seiner Interessen. Zunächst schwankte er, ob er den Ball in Richtung England oder in Richtung Habsburgi-

Ein glückloser Bruder, aber immerhin Stammvater

Prinz August Wilhelm von Preußen, Bruder

Ich bin August Wilhelm, Prinz von Preußen. Dieser Titel besagt, dass ich Thronfolger war. 1744 hat ihn mir der König, mein älterer Bruder, feierlich verliehen. 14 Jahre später war ich tot. Ich starb im Alter von 35 Jahren auf Schloss Oranienburg, wie es später hieß, „an gebrochenem Herzen". So wurde mein Sohn zum Stammvater aller weiteren Hohenzollern auf dem preußischen und später deutschen Thron. Aber wer erinnert sich an mich? Es kann auch ein Fluch sein, einen König zum Bruder zu haben. Zumindest in Preußen.

Was war geschehen? Als mein Bruder 1712 geboren wurde, war unser Vater, der „Soldatenkönig", froh, endlich einen Thronfolger zu haben. Aber er merkte schnell, dass dieser Sohn schwer zu kontrollieren war. Sein Charakter war ganz anders, als er ihn sich wünschte. Als ich zehn Jahre später auf die Welt kam, war er glücklich über einen Ersatzthronfolger – für alle Fälle. Ich war offenbar genau so, wie er sich einen Sohn wünschte: klug und diszipliniert. Trotz allem, auch mein älterer Bruder mochte mich: Ich hätte „den besten Charakter der Welt". Als er in Rheinsberg lebte, war ich es, der ihn stets mit Neuigkeiten aus dem Elternhaus versorgte.

Als mein Bruder König wurde und bald darauf in den Krieg zog, konnte ich es nicht erwarten, mich als guter Soldat zu beweisen. Aber ich durfte anfangs nicht. Statt dessen tat mein Bruder etwas, was ich nicht verstehen konnte. Wie unser Vater ihn ohne seine Meinung anzuhören mit einer ungeliebten Frau vermählte, so vermählte mich mein Bruder ebenfalls über meinen Kopf hinweg. Ausgerechnet mit der Schwester seiner Ehefrau. Ein schönes Quartett! Zum Dank wurde ich Generalmajor und durfte ein Kürassier-Regiment befehligen. 1742 erlebte ich meine Feuertaufe. Unser Sieg war entscheidend für den anschließenden Friedensschluss zu unseren Bedingungen.

Im Zweiten Schlesischen Krieg wurde ich am Kopf verletzt und anschließend kaum noch eingesetzt. Für meinen Bruder Friedrich war inzwischen klar, dass er keine Kinder haben würde. So fiel die Thronfolge an mich und meine männlichen Nachkommen.

Als ich zum „Prinz von Preußen" erhoben wurde, war meine Frau bereits schwanger. Sehr erfolgreich sogar: Unser erstes Kind war ein Junge. Mein Bruder feuerte uns an, noch möglichst viele weitere Kinder zu zeugen. Das fiel mir nicht leicht, denn meine Liebe gehörte damals der Hofdame Sophie von Pannwitz. Fünf lange Jahre bettelte ich den König an, einer Scheidung von meiner Frau zuzustimmen. Erfolglos. Ihn interessierte auch nicht meine Meinung zum Bündnis mit England, das uns eine ganze Schar von Feinden bescherte: Österreich, Frankreich, Sachsen, Schweden, Russland. Die Folge war ein Krieg auf vielen Schauplätzen, dessen Ende ich nicht mehr erlebte. Nach der verlorenen Schlacht von Kolin erhielt mein Korps den Auftrag, beim Rückzug Friedrichs aus Böhmen die Lausitz und die Verbindung nach Schlesien zu decken. Obwohl (oder weil?) ich mich permanent mit meinen Offizieren beriet, wollte uns das Manöver nicht recht glücken. Die Truppen waren entkräftet, die Moral am Boden, viele desertierten. Mit Müh und Not kämpften wir uns nach Bautzen durch, wo mich mein Bruder erwartete. Der Zorn war gewaltig: „Kommandieren Sie einen Harem, wohlan; aber solange ich lebe, vertraue ich Ihnen keine zehn Mann mehr an." Die Flüche des Königs wurden immer kräftiger. Dabei war er es, der die Schlacht verloren hatte! Nur der jüngste Bruder Heinrich hielt noch zu mir. So zog ich mich auf meinen Landsitz Schloss Oranienburg zurück, das unser Großvater reichlich hatte ausstatten lassen. Eine Versöhnung mit mir suchte mein Bruder nicht. Ich erlitt einen Schlaganfall, an dessen Folgen ich 1758 starb. Die Welt hat mich schnell vergessen. Aber alle späteren Hohenzollern bis zum letzten Kaiser stammen von mir ab!

Das Schlossmuseum Oranienburg präsentiert eine Sammlung wertvoller Kunstwerke, darunter die Etageren in der Porzellankammer sowie Sitzmöbel aus Elfenbein.

Wie groß war „der Große" für den kleinen Bruder?

Prinz Heinrich, Bruder

Ich bin Prinz Heinrich, geboren als 13. Kind meiner Eltern Friedrich Wilhelm I. und Sophie Dorothea. Wie mein Bruder Friedrich, der als erstgeborener Sohn natürlicher Thronerbe war, kam ich im Januar zur Berliner Ballsaison zur Welt. Aber nicht wie er als Sonntagskind, ich kam an einem Freitag. Obwohl viele meinten, ich sei an Geisteskräften, Charakterstärke und Umsicht meinem ältesten Bruder überlegen, konnte ich mir niemals Hoffnung machen, den preußischen Thron zu besteigen. Einen anderen schon.

Wussten Sie, dass mir zweimal die polnische Krone angetragen wurde und nur die Intervention meines Bruders Friedrich verhinderte, dass ich eine Herrschaft an der Weichsel übernahm? Dass ich König der USA werden sollte, wurde niemals ernsthaft erörtert. Aber eine Option war es für den Fall, die Gründungsväter der Vereinigten Staaten hätten sich anstelle einer Republik für eine Monarchie entschieden. Ich galt eben als Mensch mit liberalen Ansichten und viel diplomatischem Geschick.

Übrigens hatte ich keine Probleme mit den französischen Revolutionären. Bei den Berliner Hofschranzen hatte ich schnell den Spitznamen „Jakobiner". Meinen politischen Rat wollte bei Hofe daher auch kaum einer hören. Zum Glück musste ich das Debakel von Jena und Auerstädt nicht miterleben. Ich hatte diese Welt vier Jahre zuvor verlassen.

Nun möchte ich Ihnen aber meine Meinung über meinen Bruder Friedrich mitteilen. Welche Meinung wollen Sie hören? Die des dankbaren kleinen Bruders, der in Berlin von ihm ein Palais, fast so groß wie das ganze

Schloss, und außerdem noch das Rheinsberger Anwesen geschenkt bekam und der an seiner Seite eine glanzvolle militärische und diplomatische Karriere machen konnte? Mein Bruder meinte später, ich sei der einzige General im Siebenjährigen Krieg gewesen, der keinen Fehler beging.

Oder wollen Sie die Meinung eines Bruders hören, der vom Älteren ebenso despotisch behandelt wurde wie der einst von seinem Vater? Auch ich musste in eine Zwangsheirat einwilligen, um einem herrischen Regime zu entkommen. Nur war es in meinem Fall das von Bruder Friedrich. Die mir zugeschriebenen Zitate, ich habe meinen Bruder als „Hanswurst", „die gemeinste Bestie, die Europa hervorgebracht hat", als „Wüterich" und ähnlich beschrieben, kann ich nur bestätigen.

Man sagt, das erste Denkmal für Friedrich „den Großen" sei das von 1792 in Neuhardenberg. Ich sage Ihnen aber, dass ich gegenüber meinem Rheinsberger Schloss bereits 1790 ein Denkmal errichten ließ. Nur erinnert das nicht an die großen Taten Friedrichs, sondern an seine Missetaten. Der weithin sichtbare Obelisk gedenkt der 29 Heerführer, die Opfer der „Kriegskunst" Friedrichs wurden oder unter ihm zu leiden hatten. Auch das ist ein Denkmal! Ein sehr ehrliches. Aber vielleicht sollte ich viel mehr über die schönen Dinge berichten, und die haben viel mit Rheinsberg zu tun. Ich habe dort (nur vom Krieg unterbrochen) 50 Jahre verlebt. Und was für Jahre! Wir unterhielten einen Musenhof, um den uns selbst die Berliner beneiden konnten. Wer hat damals die neuesten Moden erfunden? Wir in Rheinsberg!

Mindestens zweimal in der Woche gab es Theater, der Park wurde zur Sehenswürdigkeit, und wir gründeten eine Fayencemanufaktur. Wir feierten Feste, die keiner vergaß. Höhepunkt war der Geburtstag meines jüngeren Bruders Ferdinand am 25. Mai. Stets gab es eine neue Theaterinszenierung und einen rauschenden Ball. Und es gab eine Bauernhochzeit. Dafür suchte ich mir ein armes Bauernpaar aus, kleidete es ordentlich ein und spendierte allen Gästen das Hochzeitsessen in meinem Park. Ich und unser gesamter Hofstaat nahmen – selbstverständlich in Bauerntracht gekleidet – daran teil.

Gleich neben dem Rheinsberger Schloss befindet sich das Grab des Prinzen Heinrich. Es ist eine Pyramide, der die Spitze weggebrochen wurde.

Der Laie und sein Genie, König vs. Baumeister

Georg W. von Knobelsdorff, Architekt

Unausstehlich sind für mich die Laien, die meinen, dem Fachmann angeblich gute Ratschläge erteilen zu müssen. Und ganz besonders schlimm wird es, wenn der Laie oberster Machthaber seines Landes ist und generell in alles hineinredet. Genau diese Situation mussten die meisten Architekten unter Friedrich II. erleiden. Nur wer bereit war, sich dem Diktat des Königs zu beugen, hatte nichts auszustehen. Aber warum sind in der Regierungszeit Friedrichs II. so viele künstlerisch wertvolle Bauwerke entstanden? Weil er eben ein sehr kunstverständiger Laie war.

Sie erkennen aber sein laienhaftes Herangehen an die Baukunst sofort, wenn Sie versuchen, die äußere Form und die innere Funktion ins Verhältnis zu setzen. Da stimmt nichts! Und wenn etwas stimmt, dann ist das nicht das Verdienst des Königs. Ihm war es egal, ob sich die Fenster eines Wohnhauses am Fußboden entlangziehen, wenn es nur von außen klassisches Ebenmaß aufweist. Oder Schloss Sanssouci. Was hab ich gebeten und gebettelt, er möge bei seinem Weinbergschloss eine Kelleretage einplanen. Nein, er wollte Innen (die Kultur) und Außen (die Natur) möglichst auf einer Ebene halten und zwischen beiden mühelos wechseln können. In diesem Fall musste er selbst leiden: immer kalte Füße, viel Feuchtigkeit in den Wänden – da ist man Rheuma und Gicht schutzlos ausgeliefert, auch wenn man sich König nennen darf.

Genug des Lamentierens:
Ich bin Georg Wenzeslaus von Knobelsdorff, geboren im letzten Jahr des kriegerischen 17. Jahrhunderts als Sohn pommerscher Landadliger und somit vorbestimmt für den Militärdienst. 1715 gehörte ich unter König Friedrich Wilhelm I. zu den Belagerern von Stralsund. 15 Jahre später begab ich mich in die Dienste des Kronprinzen, zunächst in Neuruppin und

Knobelsdorff und sein Freund Pesne wurden im Deutschen Dom am Gendarmenmarkt beigesetzt, später allerdings auf einem der Friedhöfe hinter dem Halleschen Tor in Berlin bestattet. Bomben zerstörten im Zweiten Weltkrieg das Grab. Heute erinnert dort ein schlichter Grabstein an die beiden Künstler.

dann in Rheinsberg. Diesmal jedoch nicht als Offizier, sondern auf dem Gebiet meiner wahren Leidenschaft – der Architektur und der Künste. Die Doppelturmanlage des kronprinzlichen Schlosses zu Rheinsberg ist mein Werk. Auch am Wiederaufbau der Stadt nach dem verheerenden Brand von 1740 war ich beteiligt.

Ich war Friedrich ein Freund, ein Lehrer, ein Diener. Zwar war ich 13 Jahre älter als seine Majestät, aber wenn zwei Hitz- und Dickköpfe aufeinanderprallen, treten Standes- und Altersunterschiede zurück. Und wissen Sie, was das Verrückteste ist? Ich war selbst nur ein Autodidakt, habe als Laie angefangen und mir selbst verschiedene Künste beigebracht: Ich betätigte mich als Maler, Gartengestalter, Dekorateur, schließlich als Architekt. Mit der Königlichen Oper Unter den Linden in Berlin löste ich eine höchst anspruchsvolle Aufgabe. Ein derart großes Theatergebäude hatte es bis dahin nirgendwo gegeben. Ich orientierte mich an den besten Vorbildern, den Bauwerken der Antike, dem Renaissance-Baumeister Palladio, dem Rokoko-Maler Antoine Watteau, dem preußischen Hofmaler Antoine Pesne, mit dem ich bis zum Tode befreundet blieb.

Ich möchte hier nicht nur schlechte Worte über König Friedrich verlieren, obwohl das, was heute in den Geschichtsbüchern als „Zerwürfnis" beschrieben wird, ein Rausschmiss erster Güte war. Bedenken Sie: Gemeinsam haben wir einen eigenen Baustil hervorgebracht: das friderицianische Rokoko. Ein Schloss nach dem anderen haben wir gebaut – in Charlottenburg, in Potsdam und auf dem Weinberg bei Potsdam. Als aber der König glaubte, andere Baumeister würden es ebenso gut können, durfte ich nur noch Kasernengebäude für die Garde du Corps, die berittene Leibgarde des Königs, entwerfen. Das war zu einer Zeit, als Kasernenkomplexe eigentlich noch gar nicht erfunden waren.

1750 haben sich der König und ich zum letzten Mal gesehen. Ich starb mit nur 54 Jahren. Vier Monate nach meinem Tod hielt der König im Januar 1754 in der Berliner Akademie der Wissenschaften eine Lobrede auf mich.

Spionage: die „Erfindung" der preußischen Dampfmaschine

Carl Friedrich Bückling, Ingenieur

Ich bin Carl Friedrich Bückling und wurde 1756 in Neuruppin geboren. Sie ist vielleicht die preußischste aller Städte. Hier diente Kronprinz Friedrich bis zur Thronbesteigung, und fast auf den Tag genau ein Jahr nach dem Tod des großen Königs brannte beinahe die gesamte Stadt ab. Der neue König Friedrich Wilhelm II. kümmerte sich persönlich darum, dass Neuruppin wieder aufgebaut wurde. Diesmal mit breiten, geraden, preußisch exakten Straßenzügen.

Ich gelte als der Preuße, der die erste Dampfmaschine nach Watt'scher Bauart fertigte. Friedrich dem Großen bin ich persönlich nie begegnet, jedoch hat er auf mein Leben einen großen Einfluss ausgeübt, über den ich hier berichten möchte.

Mitte des 18. Jahrhunderts suchten Ingenieure und Scharlatane gleichermaßen nach einer Kraft, die stark genug ist, das Grubenwasser aus den tiefen Schächten nach oben zu befördern. Weder Menschen- noch Tierkraft reichten hierfür aus. In England, Ungarn und Schweden sollten dafür Maschinen mit Dampfantrieb im Einsatz sein. Ich war damals im preußischen Berg- und Hüttendepartment in Berlin als Bauinspektor angestellt.

Am 23. April 1778 erhielt Obergrat Freiherr Waitz von Eschen per ordre König Friedrichs II. den Auftrag, nach England zu reisen und dort die Konstruktion der Watt'schen Dampfmaschine, deren Effekt und Kosten zu erkunden und entsprechende Zeichnungen anzufertigen. Ich fühlte mich sehr geehrt, dass er mich als Reisegefährten auswählte. Noch im Mai traten wir unsere Reise nach Birmingham an. Dort angekommen, lud uns Mister Watt zu einer Besichtigung seiner Fabriken ein. Er zeigte uns seine neuartige Dampfmaschine und plauderte über Details seiner Erfindung: ihren Wirkungsgrad, die effektivste Zuführung des Dampfes, die Regelung etc. Am folgenden Tag fuhren wir noch einmal in die Fabrik, bestachen einen Arbeiter, damit er die Maschine in alle Einzelteile auseinanderbaue und ich von allen Teilen Zeichnungen anfertigen konnte.

Auf der Grundlage meiner Zeichnungen hatten wir 1783 ein Modell der Watt'schen Dampfmaschine fertig. Ich gebe zu, es funktionierte nicht perfekt. Trotzdem bewilligte der König das Geld für den Bau einer richtigen Dampfmaschine für die Kupfergrube in Hettstedt am Rande des Harzes. Mir übertrug man die Oberaufsicht. Die Aufgabe bestand schlicht und einfach darin, die Dampfmaschine ein zweites Mal zu erfinden. Einerseits musste ich stets befürchten, dass meine Zeichnungen zu ungenau waren und ich wichtige Details übersehen hatte, andererseits mangelte es uns an den nötigen Materialien. Werkstoffe wiesen nicht die ausreichende Festigkeit auf, auch benötigten wir für die Befeuerung Brennstoffe mit sehr hohem Heizwert. Aber Koks gab es bei uns nicht. Es gelang mir vor allem nicht, die Ein- und Auslassventile nach Belieben zu regeln. Zum Glück erhielt ich Gelegenheit zu einer zweiten Reise nach England. Diesmal gelang es mir, mit viel Bestechungsgeld einen englischen Ingenieur abzuwerben. Er hieß William Richard und folgte mir nach Preußen. Wir besaßen nun die exakten Baupläne für eine eigene Dampfmaschine nach Watts Vorbild. Doch auch Richards Mitarbeit schien anfangs vergebens. Die Steuerung funktionierte zwar gut, doch war das Material nach wie vor zu verschleißanfällig. Erst als es mir gelang, eine Firma ausfindig zu machen, die die Geräte in erforderlicher Qualität herstellen konnte, waren die Probleme gelöst. Danach arbeitete die Maschine einwandfrei. Am 23. August 1785 haben wir die erste Dampfmaschine Watt'scher Bauart auf dem König-Friedrich-Schacht bei Burgörner feierlich in Betrieb genommen.

Das Aufatmen war groß. Die von der Dampfmaschine betriebenen Pumpen zeigten, was sie können.

1788 konnte eine aus England importierte Dampfmaschine in Schlesien montiert und in Betrieb genommen werden. Im Kupferhammer von Eberswalde, das damals einen gewaltigen Aufschwung nahm, wurde der Kessel dafür hergestellt.

Nur eine Organisationsfrage: Porzellan für Friedrichs Hof

Johann Ernst Gotzkowsky, Kaufmann

Mein Name ist Johann Ernst Gotzkowsky. Stimmt's? Jetzt überlegen Sie, wo Sie den Namen schon einmal gehört haben. Ich helfe Ihnen: In Berlin-Moabit gibt es eine nach mir benannte Straße, die direkt auf die Spree zuführt, und dort ist auch eine große Brücke nach mir benannt. Na, zumindest haben mich die Berliner nicht vergessen. Aber in bitterster Armut sterben lassen, das haben sie mich. Obwohl ich einmal ihr gefeierter Held und Wohltäter war.

Aber heute wollen wir von schöneren Dingen sprechen: von edelstem Porzellan. Unser König Friedrich kannte mich als einen Mann, dem alles gelang, was er nur anpackte. Aber ich packte nur an, was wirklich Gewinn versprach. Die persönlichen Bedürfnisse des Königs, seiner Angehörigen und der allerbesten Berliner Gesellschaft waren es, die mir die Richtung wiesen. Ich handelte mit Luxusgütern und stellte selbst feinste Stoffe her. Auch in den Kunsthandel stieg ich ein. Als Majestät seine Bildergalerie im Park Sanssouci errichten ließ, war ich es, der für die Gemälde sorgte. Ich war wer und alles aus eigener Kraft. Wenn Sie jetzt sagen, ohne meine guten Beziehungen nach oben wäre nichts gelaufen, dann sage ich: Kommen Sie erst mal zu guten Beziehungen und halten Sie sie am Leben. Das ist schwer!

Der Siebenjährige Krieg war mein Schicksal. Ich besaß das Vertrauen des Königs und unterhielt gleichzeitig Verbindungen zur Gegenseite, zu Russen und Sachsen. Als die Russen im Oktober 1760 für eineinhalb Wochen Berlin besetzten, war ich es, der unter Lebensgefahr die Verhandlungen führte, der die russischen Offiziere bestach, das Geld für die Kontribution auftrieb und letztlich die Berliner vor Plünderungen bewahrte.

Nur vier Wochen nach diesem Abenteuer empfing mich der König auf der Albrechtsburg zu Meißen in seinem Hauptquartier. Er hatte um sich einige Porzellan-Figuren aufgestellt und sagte, dass er sich nach dem Krieg in Preußen ebenfalls eine Fabrik wünsche, die dergleichen Schönheit herzustellen vermag. Der Wunsch war mir Befehl, denn es gab gerade die Möglichkeit, Fachkräfte aus Meißen nach Berlin abzuwerben, und mit dem König gab es bereits einen zahlungskräftigen Kunden.

Dennoch gestaltete sich das Vorhaben extrem schwierig. Die Meißner Arkanisten – jene Geheimnisträger, die die Materialzusammensetzung des Porzellans kannten – befanden sich unerreichbar außer Landes. Auch Porzellanmaler waren rar. Aber zum Glück gab es hier und da Leute, die sich bereits mit der Porzellanherstellung befassten. Mit ausreichend Geld gelang es, sie für mein Vorhaben zu begeistern. Etwa dort, wo heute am Ende der Leipziger Straße der Bundesrat sein Gebäude hat, baute ich die erste Berliner Porzellanmanufaktur. Fast 150 Beschäftigte hatten wir. Das Vorhaben erwies sich allerdings als ein finanzielles Fass ohne Boden. Die Aufbereitung des Materials, die Brennöfen, die Farben – Sie glauben nicht, was da alles stimmen muss, damit ein erstklassiges Porzellan entsteht. Wir haben es geschafft! Und das mitten im Krieg, in Zeiten bitterster Not. Wir hatten die Fabrik und das Porzellan, aber niemand hatte das Geld, unsere Produkte zu kaufen. Auch der König zeigte sich zurückhaltend. Mir gingen mehr und mehr die Mittel aus.

Kaum war der Krieg zu Ende, kam die nächste Katastrophe: Banken in ganz Europa stürzten zusammen. Ich verlor mein gesamtes Vermögen und sah mich gezwungen, die Porzellanfabrik zu verkaufen. Zum Glück zeigte der König nun Interesse. Wir setzten einen Vertrag auf, und am 10. September 1763 gingen die Unterlagen an den Hof. Bereits einen Tag später kamen Majestät in die Leipziger Straße, um seine Erwerbung zu visitieren, die den Namen Königliche Porzellan-Manufaktur Berlin erhielt. Seit dem 16. Oktober des gleichen Jahres versieht die Manufaktur ihre Produkte mit dem heute noch gültigen Siegel. Neben den gekreuzten Schwertern aus Meißen ist es ein Zeichen für das renommierteste Porzellan in Deutschland.

Die Königliche Porzellanmanufaktur am historischen Standort in der Nähe des Berliner Tiergartens pflegt klassisches und modernes Design auf hohem Niveau.

Alles in Butter – ein König sorgt für seine Landeskinder

Friedrich Wilhelm von Derschau, Politiker

Gestatten, Friedrich Wilhelm von Derschau, Wirklicher und Geheimer Etats- und Kriegsrat seiner Majestät Friedrich II. und Vizepräsident des Kriegs- und Domänendirektoriums. Kurz, ich war so etwas wie ein Wirtschaftsminister und als solcher auch für die Ansiedlung von Kolonisten in der Kurmark zuständig. Am Dossebruch haben die Siedler sogar eine Ortschaft nach mir benannt: Großderschau. Dort werden die Besucher gern mit frischer Butter bewirtet. Daher möchte ich darüber berichten, was der Große König für die Butter in Brandenburg getan hat.

Ort der Handlung ist das Havelland. Bis vor rund 250 Jahren waren die Gebiete entlang Rhin und Dosse ein riesiges, für die Landwirtschaft fast unbrauchbares Auengebiet. Bereits zur Zeit des Großen Kurfürsten, der genau in dieser Gegend, bei Fehrbellin, die wichtigste Schlacht seines Lebens gewann, begann die Urbarmachung.

Die holländische Ehefrau des Kurfürsten, Luise Henriette von Oranien war ihr schöner Name, siedelte hier Kolonistenfamilien aus ihrer Heimat an. Schließlich hatten die Holländer Erfahrung darin, wasserreiche Gebiete zu kanalisieren und für die Landwirtschaft nutzbar zu machen. Und was taten sie? Sie verwandelten feuchte Wiesen in saftige Weiden für ihre Rinder und betrieben Milchwirtschaft. Bald belieferten sie den Berliner Hof mit Butter und Käse.

Spätere Generationen von Landesherren waren der Meinung, dass das Potenzial an Rhin

In Großderschau werden die Traditionen des Butterns bis heute hochgehalten. Der Verein „Initiative Begegnungszentrum Großderschau" kümmert sich sehr rührig. Ein Museum zeigt die Geschichte des Butterns sowie die Ausbildung an der „Butterakademie". Am besten schmeckt Butter auf frischem, knusprigem Brot. So wird an Schaubacktagen der Backofen im Freigelände des Museums angeheizt.

sogar 100 Taler. Aber es kam, wie es oft kommt: Nicht jeder gute Anfang hat ein gutes Ende. Den Brautschatz wollten alle, aber gut buttern konnten nur wenige. Am 21. Dezember 1779 beschwerte sich Friedrich: Die Butter aus Königshorst ist nicht so gut, wie sie sein sollte. Dem König des drastischen Ausdrucks wird auch noch folgender Satz zugeschrieben: „Wenn sich die Beamten und Lehrmeister mehr um den Busen der Mägde und Bauerntöchter als um das Euter der Kühe kümmern, dann soll sie der Teufel holen."

und Dosse längst nicht ausgeschöpft war, und man begann mit planmäßigen Trockenlegungen. Der „Soldatenkönig" Friedrich Wilhelm I. ließ das Havelländische Luch bändigen und noch mehr fruchtbare Weiden und Äcker schaffen. Unter Friedrich dem Großen hieß es, nun habe man von einer Kuh so viel an Butter und Käse gehabt, wie zuvor von zehn Kühen.

Der König befahl daher die Gründung einer Lehranstalt für Butter- und Käsezubereitung, angesiedelt in Königshorst. Ausgesuchte Bauerntöchter hatten dort unter holländischer Anleitung eine Lehrzeit zu absolvieren. Eine Probe des Könnens jeder Absolventin sollte auf die Tafel des Königs kommen. Wenn sie ihm mundete, gab es einen Brautschatz von 24 Talern. Den Mädchen, die am besten buttern konnten, winkten

Das Ergebnis des königlichen Zorns war die Gründung einer „Ordentlichen Akademie des Buttermachens" im Jahr 1780. Auch diesmal wurden holländische Spezialisten zu Hilfe geholt. In den Jahren davor hatte Friedrich durch Rhinluch und Dossebruch weitere Gräben und Kanäle ziehen lassen. Wieder war Neuland entstanden. 1778 waren 25 neue Ortschaften für 1.500 Ansiedler gegründet. Unter den Kolonisten waren viele Holländer. Die Butterherstellung im Havelland florierte. 1786 schrieb ein Zeitzeuge: „Die daselbst erzeugte wohlschmeckende holländische Tischbutter, womit sich besonders ganz Berlin ergötzet, ist ... zur Genüge bekannt."

Vom gefährlichen Leben eines Baumeisters unter Friedrich II.

Heinrich Ludwig Manger, Architekt

Ich bin Heinrich Ludwig Manger, geboren 1728. 1763 wurde ich zum Inspektor der königlichen Bauten und 1775 zum Baudirektor ernannt. Ich war an der Errichtung des Neuen Palais im Westen des Parks Sanssouci beteiligt und habe mehrere Kasernen und Bürgerhäuser in Potsdam aufgerichtet.

Ich möchte vorausschicken, dass mein Schicksal unter dem Großen König kaum schlechter war als das meiner Kollegen, die die Ehre hatten, im Angesicht des Königs tätig zu werden. Knobelsdorff legte im April 1746 die Leitung des Baus am Schloss Sanssouci nieder und verlor die Gunst Friedrichs bis zu seinem Lebensende. Mein Kollege Büring wurde wegen angeblich zu geringen Engagements beim Bau des Neuen Palais entlassen und landete im Schuldturm, und auch Gontard kannte den Kerker von innen. 43 Tage lang war er in Spandau eingesperrt, länger als ich.

Das ist meine Geschichte: Am 19. Juli 1786 gab mir der König den Befehl, einen Kostenvoranschlag für sechs Treibmauern mit Glasfenstern nach dem Vorbild der Sanssouci-Terrassen für das Gelände hinter den Kolonnaden des Neues Palais vorzulegen. Eine gärtnerische Anlage sollte den Park im Westen abschließen.

Der König drängte auf Eile, weil er schnell im Orient die Bäume bestellen wollte. Nachdem ich alle Maße genommen hatte, konnte ich am Morgen des 21. Juli die Kostenrechnung vorlegen. Auf 21.000 Taler war ich gekommen. Dabei hatte ich nicht nur an die Baukosten gedacht, sondern die Kosten für die Bäume mit einbezogen. Schließlich war ich nicht nur gelernter Baumeister, sondern auch Pomologe.

1790 starb Heinrich Ludwig Manger in Potsdam. Seine letzte Ruhe fand er auf dem Friedhof in Bornstedt, wo auch die späteren Hofgärtner wie Lenné und Sello begraben liegen. Manger veröffentlichte 1789 eine Baugeschichte Potsdams, die noch heute eine Quelle für baugeschichtliche Studien ist.

Was ich nicht wusste: Der König hatte sich selbst eine Vorstellung über die Kosten verschafft und war gerade einmal auf ein Drittel meiner Summe gekommen. Und was ich auch nicht wusste: Dem König waren in letzter Zeit anonyme Briefe zugegangen, die mich der Unrechtschaffenheit bezichtigten. Früher hatte der König solchen Schreiben keine Beachtung geschenkt. Mit dem Alter wuchsen allerdings sein Misstrauen und seine Neigung, Einflüsterungen für die Wahrheit zu nehmen. Für meine Kostenrechnung könne er keinerlei Verständnis aufbringen und wies mir die Tür. Unmittelbar danach beauftragte er den Baumeister Seidel aus Berlin, der gerade mit der Anlage eines Aquädukts in Bornstedt befasst war, einen eigenen Kostenvoranschlag vorzulegen. Der hatte ihn in wenigen Stunden fertig: ein Drittel der von mir errechneten Kosten, allerdings ohne die Bäume.

Ohne der Sache auf den Grund zu gehen, ließ mich der König noch am gleichen Tage arrestieren. Wie gesagt – Baumeister hatten seit jeher ein schweres Los bei ihm. Ich wurde auf die Hauptwache des Regimentes Prinz von Preußen gebracht, mein Büro und die Arbeitsstube in meinem Wohnhaus wurden versiegelt. Für den König war ich ein Dieb, Betrüger, Spitzbube, eine Canaille. Justizbeamte gingen in Potsdam von Haus zu Haus und forderten die Bürgerschaft auf, alles anzuzeigen, was gegen Manger spräche. Auch die Garnison wurde befragt, wer etwas gegen mich vorbringen könnte.Ohne Erfolg.

Aber es kam noch ärger. Alle Häuser, die unter meiner Bauleitung errichtet wurden, mussten genauestens vermessen und die in den Rechnungen genannten Materialien mit den wirklich notwendigen verglichen werden. Arrest, Untersuchung und das Ausmessen der Häuser dauerten an, als am 17. August der König für immer die Augen schloss. Dieser Tag war auch für mich ein Tag der Trauer. Dennoch: Friedrich Wilhelm, unser nachfolgender König, entließ mich am folgenden Tag in die Freiheit. Was war das für eine Freude, als ich vor der Hauptwache von meinen Bauleuten empfangen und in fröhlichem Zug nach Hause geleitet wurde!

Geistiger Beistand für den ungläubigen König

Juliane Auguste Henriette v. Winterfeldt, Äbtissin

Ich bin Juliane Auguste Henriette von Winterfeldt, 50 Jahre lang, zwischen 1740 und meinem Todesjahr 1790, Vorsteherin des Klosters Heiligengrabe. Ein beliebter Marktplatz in Berlin ist nach meiner Familie benannt. Namenspatron dafür war mein älterer Bruder Hans Karl von Winterfeldt. Sein Leben musste er für diese Ehrung hergeben. Während des Siebenjährigen Krieges traf ihn ein Säbelhieb, worauf er verstarb. Mein Bruder galt als einer der allerengsten Freunde unseres Königs Friedrich II. Er war an allen militärischen Planungen beteiligt, wurde zum General befördert und mit den höchsten Orden ausgezeichnet. An dieser Stelle sollte ich betonen, dass ich bereits unter dem Vater unseres Königs, wenn auch nur kurz vor dessen Ableben, meinen Dienst im Kloster Heiligengrabe antrat. Also ohne Zutun Friedrichs.

Vielleicht fragen Sie sich, wieso es im protestantischen Brandenburg-Preußen überhaupt Klöster gab. Schließlich wurden infolge der Reformation viele geschlossen und verfielen allmählich. Nicht aber unseres. Der Grund: Es wurde gebraucht – als Bildungs- und Erziehungsanstalt für Töchter aus adligen Familien. Hier, zwischen Prignitz und Ruppiner Land, gab es weit und breit keine Stadt mit einer angemessenen Schule. So wurde aus dem ehemals katholischen Kloster ein evangelisches Damenstift. Und die Äbtissinnen hießen fortan Domina.

Aber jetzt werden Sie staunen! Wenige Wochen nach meiner Amtseinführung bestieg Friedrich den preußischen Thron. Dass er kein religiöser Mensch war, wussten wir alle. Aber es schien wie ein Wunder, dass er als eine seiner ersten Amtshandlungen mir und meinen Stiftsdamen den Orden „par grace" verlieh, mit

Das Kloster Stift zum Heiligengrabe ist das einzige Kloster Brandenburgs, das seit seiner Gründung fast ununterbrochen genutzt wird. Der evangelische Frauenkonvent der Stiftsfrauen lebt nach dem Leitsatz der Zisterzienserinnen »ora et labora«. Ein Museum widmet sich ausführlich der Geschichte des Klosters.

Sehenswert ist neben der gotischen Klosterkirche aus dem 13./14. Jahrhundert auch die Heiliggrabkapelle. Um sie rankt sich die Legende von einer Hostie, die zu bluten begann, als sie geraubt werden sollte. Diese Legende machte Heiligengrabe im Mittelalter zu einem vielbesuchten Wallfahrtsort.

der Devise auf der Rückseite: „Zur Fürbitte für das Königshaus“.

Wir beteten gern für unseren jungen König, der uns auch die Ehre seines Besuchs erwies. Noch mehr: Zwei Jahre später durfte ich anstelle der „Domina“ den Titel „Äbtissin“ tragen. Fortan war ich nicht mehr erste unter Gleichen, sondern nahm eine herausragende Position ein. Im Hofprotokoll rangierte ich sogar unmittelbar nach der Ehefrau des Monarchen, noch vor dessen Schwestern. Und man bedenke, Friedrichs Schwester Amalie wurde später in Quedlinburg Äbtissin. Doch ihr Kloster erlangte nie den Rang des Unsrigen. Über Heiligengrabe hielt der König stets seine schützende Hand. Mein Rat war bei Hofe gern gehört.

Im Jahr 1752 ließ ich mich und unseren gesamten Konvent porträtieren. So können Sie mich heute betrachten, wie ich mit 42 Jahren aussah. Ich hoffe, Ihnen fällt – auch an unserer Kleidung – sofort auf, dass wir sehr im Diesseits lebten.

Das kommt übrigens auch deutlich im Bestand unserer Bibliothek zum Ausdruck. Die meisten der heute 662 Bände wurden zu meiner Zeit angeschafft. Natürlich war auch Literatur zur seelischen Erbauung dabei. Das waren vor allem die zwei Drittel deutschsprachigen Titel. Wir kauften aber auch französische und englische Literatur in der Originalsprache. Dazu gehörten die philosophischen Werke Voltaires, Rousseaus und unseres Patrons Friedrich II. Ich denke, es gab kaum eine Geistesströmung unserer Zeit, die sich nicht in unserem Buchbestand spiegelte, aber auch unsere Kenntnis fremder Sprachen. Klein, aber fein war unsere Bibliothek.

Ein musikalisches Opfer auf dem Altar der Vaterliebe

Johann Sebastian Bach, Komponist

Alle reden über meinen Besuch in Potsdam im Mai 1747. Ich denke, die Leute übertreiben. Gewiss, ich war schon zu Lebzeiten der „große Musikus“. Keine Weihnacht ohne mein „Jauchzet, frohlocket“, kein Wunschkonzert ohne mein „Air“, auch heute kaum eine CD-Sammlung ohne meine „Brandenburgischen Konzerte“. Aber ich sollte mich trotzdem vorstellen: Johann Sebastian Bach, seit 1723 Kantor an der Leipziger Thomasschule.

Zu meinem Besuch bei Friedrich II. darf ich vorausschicken, dass mein zweitältester Sohn Philipp Emanuel seit 1738 im Dienst des Königs stand. Anfangs noch in Rheinsberg, wo er als Cembalist in die Kapelle des Kronprinzen berufen wurde, dann in der Hofkapelle als Kammercembalist. Auch in Komposition übte er sich: Seinem König hatte er sechs „Preußische Sonaten“ gewidmet. Ich konnte stolz auf meinen Sohn sein, zumal er geheiratet und mich zum Großvater gemacht hatte. Wenn Sie wissen wollen, wie er aussieht: Er sitzt auf Adolf Menzels berühmtem Gemälde „Das Flötenkonzert in Sanssouci“ am Cembalo.

Zurück zu jenem Sonntag im Mai 1747. Ich machte zunächst in Halle Station, wo mein ältester Sohn Friedemann Organist war. So kam ich am späteren Abend in Potsdam an. Dass mich der König sogleich empfangen würde, hatte ich nicht erwartet. Es war eine von diesen „freundlichen“ Einladungen, denen man sich unmöglich widersetzen kann. Der König ließ mich – eskortiert wie ein Gefangener – in das Potsdamer Stadtschloss bringen. Was ich dort sah, war eine einzige Baustelle. Ich verstehe bis heute nicht, wie der König unter solch chaotischen Bedingungen leben konnte. Nun gut, er war 35 Jahre alt, ich schon 62.

Die königliche Gesellschaft vergnügte sich mit Musik. Als ich hinzutrat, rief der König: „Meine Herrn, der Alte ist gekommen!" und brach sein Konzert ab. Im Schloss standen mehrere Cembali und Hammerklaviere, die zum Teil aus anderen Schlössern stammten, zum Teil auch neu gekauft waren. Ich sollte deren Qualität prüfen. Das war schnell getan, denn ich war mir sicher, dass mein Sohn diese Prüfung längst vorgenommen hatte. Und er galt als der Beste seines Faches in ganz Europa.

Dann wurde musiziert. Der König und ich nahmen an jeweils einem Cembalo Platz, und er bat mich, ihm meine Kunst des Improvisierens zu beweisen. Der König spielte ein Thema vor, und ich führte es aus. Immer neue Themen wurden angespielt, die Anforderungen stiegen. Problematisch wurde es, als mich der König aufforderte, auf eines seiner Themen eine Fuge zu improvisieren. Obwohl das Thema dafür kaum geeignet war, gelang es mir, eine dreistimmige Fuge anzuspielen. Die Anwesenden waren entzückt. Der König aber, der mich offenbar an die Grenzen meiner Kunst bringen wollte, verlangte daraufhin eine sechsstimmige Fuge. Da blieb mir nur, ihm zu versprechen, sie schriftlich nachzuliefern. Damit endete der erste Tag in Potsdam.

Am nächsten Tag ließ ich mich dann noch in der Heiliggeistkirche in Potsdam als Orgelspieler hören und reiste nach dem Besuch der Familie meines Sohnes wieder nach Hause. In Leipzig angekommen, arbeitete ich das Thema aus. So entstanden die beiden Ricercari zu drei und sechs Stimmen, dann fügte ich noch diesen und jenen Kanon hinzu und schließlich eine Triosonate für Flöte, Violine und Generalbass. Ich ließ die Noten in Kupfer stechen und sandte sie dem König als „Das musikalische Opfer".

Bachs „Brandenburgische Konzerte" haben mit Friedrich II. oder gar mit Sanssouci nicht das Geringste zu tun. Sie entstanden 1721 – da war Friedrich gerade neun Jahre alt. Gewidmet sind sie Christian Ludwig von Brandenburg-Schwedt, der Bach bei einem Berlin-Besuch sehr zugetan war. Der war ein Onkel des damals regierenden Königs Friedrich Wilhelm I. („der Soldatenkönig") und einer der wenigen am Hof, die sich für Musik interessierten.

Dem König stellte ich es dabei frei, mich als Opfer seiner Launen zu sehen oder die Komposition als meine Opfergabe am Altar seiner Größe.

Vorleser. Vertrauter. Verlobter?

Henri Alexandre de Catt, Vorleser

Mein Name ist Henri Alexandre de Catt, nicht zu verwechseln mit jenem bedauernswerten Hans Hermann von Katte, dem man stellvertretend für den jungen Friedrich den Kopf abgeschlagen hat. Ich wurde 1725 als Sohn eines Süßwarenhändlers in Morges am Genfer See geboren, wohlgemerkt in der französischen Schweiz, was für meinen Lebensweg entscheidend sein sollte. Ich war von 1758 bis 1780 der „Vorleser" des preußischen Königs Friedrich II. und besaß das Privileg, fast jeden Tag mit Majestät zusammenzutreffen und dabei seine geheimsten Gedanken zu erfahren.

Er hatte zu mir großes Vertrauen und beherzigte meine Ratschläge. Dass ich mir während unserer Gespräche Notizen machte, geschah im Einverständnis des Königs. Auch wenn sich unser Verhältnis irgendwann abkühlte, blieb doch der gegenseitige Respekt in jeder Beziehung erhalten. Ausdrücklich möchte ich betonen, dass, wenn mich der König in einem Gedicht seinen „Verlobten" nannte, das rein geistig gemeint war.

Wie ich den König kennenlernte, soll hier erzählt werden. Im Juni 1755 hatte ich einen Besuch auf einem Landgut zwischen Amsterdam und Utrecht gemacht. Ich rief, um nach Utrecht zurückzukehren, die Barke herbei, die zwischen beiden Städten verkehrte. Die einzige Kajüte war bereits für einen Passagier reserviert. Ich musste also im Vorderteil des Schiffes bleiben. Nach einiger Zeit kam ein Mann in zimtbraunem Anzug aus der Kajüte. Er trug eine schwarze Perücke, Gesicht und Anzug waren voll von spanischem Schnupftabak. Er betrachtete

Friedrichs „Vorleser" de Catt bewohnte schließlich zwei im Winkel aneinandergrenzende Palais: das eine – Am Kanal 7 – entstand 1724 und gehört zu den ältesten erhaltenen Bauten aus der Zeit des „Soldatenkönigs", das andere – Berliner Straße 10 – wurde 1777 nach Entwürfen von Georg Christian Unger errichtet. Ein Energieversorger hat beide von Grund auf saniert und nutzt sie als Verwaltungsgebäude.

Dinge urteilen, die man nicht versteht." Er fragte: „Welche Regierungsform halten Sie für die beste?" Ich antwortete: „Die Monarchie, wenn der König gerecht und aufgeklärt ist." „Ganz richtig, aber wo gibt es solche Könige?" Und nun fing er an, so gegen die europäischen Fürsten zu deklamieren, dass kein Mensch auf die Idee gekommen wäre, dass er selbst zu ihnen gehörte. Zuletzt sagte er, er bemitleide sie, besonders deswegen, weil sie den Genuss der Freundschaft nicht kennen. „Ich sage Ihnen, ich kenne die Herren, von denen ich spreche."

mich aufmerksam und fragte mich: „Mein Herr, wer sind Sie?" Der ungenierte Ton seiner Frage gefiel mir nicht, besonders, da der Fragesteller seinem Äußeren nach kein besonders hochstehender Mann war. Ich verweigerte ihm die Auskunft. Er sagte dann in höflicherem Tone: „Mein Herr, kommen Sie in meine Kajüte hinein. Sie werden dort weniger unter dem Rauch leiden."

Ich trat also in die Kajüte, und wir fingen eine Unterhaltung an. Der Reisende sprach über die Regierung der Niederlande. Er beurteilte sie scharf, offenbar um meine Meinung zu hören. Ich hielt damit nicht hinter dem Berge und gab ihm zu verstehen, dass er wenig davon verstehe. „Sie haben ganz Recht", sagte er, „man soll nicht über

Am nächsten Morgen erfuhr ich, dass der Fremde, der sich für den Kapellmeister des Königs von Polen ausgab, der König von Preußen war. Er hatte in dem zu Preußen gehörenden Herzogtum Kleve Truppen inspiziert und die Nähe zu Holland inkognito zu einem Ausflug in den Nachbarstaat genutzt. Nach sechs Wochen erhielt ich einen Brief von ihm mit dem Anerbieten, als Vorleser in seine Dienste zu treten. Krankheit verzögerte die Sache, und so trat ich erst im Jahre 1758 die Reise nach Breslau an. Der König hatte dort sein Hauptquartier in dem erneuten Krieg um Schlesien, der bereits ins dritte Jahr ging.

Ein gewandter Philosoph in geheimer Mission

François Marie Arouet (Voltaire), Dichter

Mein Name ist François Marie Arouet, bekannt als Voltaire. Ich wurde 1694 geboren, da herrschte in Berlin noch der Großvater von Friedrich dem Großen, und ich starb acht Jahre vor dem Preußenkönig. Mon dieu, bitte kommen Sie mir nicht mit der Frage, ob Friedrich schwul war oder nicht. Ich gebe zu, in meinen Erinnerungen die Spekulationen kräftig angeheizt zu haben, aber was tut man nicht alles, um Auflage zu machen. Die Frage ist ebenso sinnlos wie die, ob womöglich der Papst schwul sei.

Friedrich und ich fühlten uns als Philosophen. Mag sein, ich war es mehr als er, aber umso mehr trug er seine Philosophenattitüde wie eine Standarte vor sich her. Sei es drum, es war eine spannende Zeit. Ein Karl Marx soll später gesagt haben, die Philosophen hätten die Welt nur verschieden interpretiert, es käme aber darauf an, sie zu verändern. Er kannte offenbar Friedrich und mich nicht. Glauben Sie wirklich, wir haben, wenn wir uns trafen, nur über Gott (kennen Sie den etwa?) und die schönen Künste parliert? Es ging um knallharte Politik! Schauen Sie sich nur die Hintergründe unserer ersten Begegnungen an. Denn wir haben uns in den zehn Jahren zwischen Friedrichs Thronbesteigung und meinem legendären Aufenthalt am preußischen Hof mehrfach getroffen, und wir haben korrespondiert … Die Zählung unserer Briefe endet bei 245!

Als unser Briefwechsel begann, war Friedrich noch Kronprinz. Er sandte mir seinen ersten Brief am 8. August 1736 und schrieb, ich sei ihm durch meine Werke wohlbekannt. Er erkenne darin sehr genau den Charakter ihres ingeniösen Schöpfers, der dem menschlichen Geist zur Ehre gereiche. Zugegeben, Friedrich war damals gerade einmal 24 Jahre alt. Aber seine Briefe offenbarten Esprit und Geist. Bald lud er mich ein, nach Rheinsberg zu kommen, wo er sich aus einem verfallenen Bau ein reizendes Refugium geschaffen hatte. Aber solange dieser dumpe, jähzornige Vater regierte, war Preußen für mich Barbarenland.

Die Nachricht von Friedrichs Inthronisierung im Mai 1740 traf mich in Brüssel. Nur wenige Monate später inspizierte der junge König seine niederdeutschen Länder und leistete sich dabei die Eskapade, inkognito französisches Gebiet zu betreten. Auch mich wollte er in Brüssel unter falschem Namen besuchen. Aber auf dem Wasserschloss Meuse, zwei Meilen von Cleve entfernt, wurde er krank. So bat er mich, ihn zu besuchen. Als ich ankam, zitterte er vor Fieber am ganzen Leib. Als der Anfall vorüber war, kam er an den Tisch, und es entwickelte sich eine angeregte Unterhaltung über die Unsterblichkeit der Seele. Natürlich äußerte er die Bitte, dass ich mich an seinem Hofe niederlassen möge. Ich sagte ihm, dass ich zu Frau Chatelet gehöre und dass ich – Philosoph hin und Philosoph her – eine Frau einem König vorzöge.

Ende des gleichen Jahres trafen wir uns erneut. Diesmal machte ich mich auf den weiten Weg, nicht ohne mich beim Staatsminister des Königs Ludwig XV., dem Kardinal Fleury, seiner allerhöchsten Gunst zu vergewissern. Ich präsentierte mich als der Franzose mit den besten Drähten nach Preußen. Und man interessierte sich durchaus dafür, was der junge König nach dem Tod des Kaisers in Wien zu unternehmen bereit war. Am 19. November kam ich in Rheinsberg an. Aber Friedrich hielt mich auf Distanz. Trotz meiner Nähe korrespondierten wir vornehmlich. Dass etwas im Busch war, spürte ich sofort. Aber dann zog ich es doch vor, den preußischen Hof wieder zu verlassen. Wir alle wissen, was bald geschah. Die Eroberung Schlesiens hatte die Kräftebalance in Europa kräftig durcheinandergeschüttelt. Frankreich hatte lebhaftestes Interesse, über die weiteren Schritte des jungen Königs informiert zu sein. Wie konnte man sich darauf verlassen, dass er die Habsburger auch weiterhin von Herzen hasst?

Nach seiner Eroberung Schlesiens widmete sich der König verstärkt der Aufgabe, mich zu erobern. Dabei war ihm jedes Mittel recht. Sogar einen Brief ließ er fälschen, der mich in Paris in ein unpatriotisches Licht setzte. Er sorgte dafür, dass mein Brief an ihn vom 15. Mai 1742 – zumindest teilweise – publik gemacht wurde. Wenn ich schrieb: „Es ist wahr, auch ein paar Nachbarmächte haben Sie hüpfen lassen, das geschah für das Allgemeinwohl und für Ihres gleichermaßen", dann war das der übliche Ton zwischen uns beiden. Aber der war nicht für dritte Ohren bestimmt. Für manchen französischen Patrioten war ich von nun an eine Unperson. Wollte mich Friedrich aus Frankreich herausgraulen? Ich wollte es herausbekommen und reiste im Sommer 1742 nach Aachen, wo Friedrich zur Kur weilte. Und siehe da: Die Einladungen nach Berlin wurden immer drängender. Hinzu kam die Unverschämtheit der Académie française, einen freigewordenen Platz an meiner Stelle an einen Pfaffen zu vergeben.

Im Jahr darauf suchte mich ein hoher Vertreter der französischen Regierung auf und fragte, ob ich nicht willens sei, als „missvergnügter Emigrant" nach Preußen zu reisen, um die nächsten Schritte Friedrichs gegenüber Frankreich und Österreich in Erfahrung zu bringen. Die Reisekosten wolle man mir erstatten und ein ansehnliches Jahresgehalt dazu. Das war nach meinem Geschmack, das Angenehme mit dem Nützlichen zu vereinen. Um meine Rolle noch zu unterstreichen, wurde ein neues Schauspiel aus meiner Feder kurz nach der Uraufführung verboten.

Noch weit von meinem Reiseziel entfernt, konnte ich mich der französischen Krone nützlich erweisen. Da ich über Holland reiste, hielt ich mich einige Zeit in Den Haag auf. Das Schloss Alter Hof gehörte nach einem Erbvergleich mit dem Haus Oranien dem König von Preußen. Hier residierte der preußische Gesandte Graf von Podewils. Der hatte eine Geliebte, die die Ehefrau eines hohen Staatsbeamten war. Der Güte dieser Dame verdankten wir die Abschriften geheimer Schriftstücke aus dem Feindeslager. Podewils sandte diese nach Berlin, ich nach Paris.

Am 20. August 1743 kam ich in Berlin an und blieb diesmal bis zum 12. Oktober. Ich bekam heraus, dass der König eine Anleihe in Amsterdam aufgenommen hatte. War das ein Ansatz für französisches Entgegenkommen? So sehr ich mich bemühte: Friedrich ließ sich nicht in die Karten schauen. Auch spürte ich sehr schnell, dass der frankophile König mit mir keinen Dissidenten an die Tafel bitten wollte, sondern einen geachteten Vertreter unserer Nation, am besten noch mit Vollmachten ausgestattet.

Es ist nicht wahr, dass meine Mission, zwischen Frankreich und Preußen einen Pakt zu schmieden, gescheitert ist. Zugegeben, Friedrich hat mich nie als Unterhändler oder Vermittler angesehen. Für ihn war ich nur der Dichter, der ihn be-

Der längste Aufenthalt Voltaires am preußischen Hof währte vom 10. Juli 1750 bis zum 27. März 1753. Hinzu kommt eine fast sechswöchige Gefangenschaft in Frankfurt am Main. Der Empfang war fürstlich, der Abschied glich einer Flucht.

Voltaire sollte den Glanz Versailles' nach Potsdam bringen und im Ausland Friedrichs Selbstdarstellung beflügeln. Dass Voltaire auch eigenen Interessen folgte, war nicht vorgesehen. Das Zerwürfnis ging tief.

In seinen Memoiren beschrieb Voltaire die königliche Tafelrunde so: „Wäre jemand plötzlich eingetreten, hätte dieses Bild gesehen und uns zugehört, er hätte geglaubt, die sieben Waisen Griechenlands unterhielten sich im Bordell."

flügeln sollte. Wenn Friedrich später schrieb: „Seine Mission wurde ein Spiel, ein bloßer Scherz", dann irrte er. Oder noch besser: Er wollte nicht wahrhaben, dass ich mich auch auf dem Felde der Politik mit einiger Sicherheit bewegen konnte. Gerade in der Politik stellen sich Erfolge nicht immer unmittelbar ein.

Nach meiner Abreise aus Berlin verbrachte ich noch ein paar sehr angenehme Tage in Bayreuth bei der Schwester Friedrichs. Sie half mir, das Wesen dieses so widersprüchlichen Königs besser zu verstehen. So konnte ich in Paris ausführlich über meine Eindrücke am preußischen Hof Bericht erstatten. Ein Jahr später zeigten sich die Früchte meiner Mission: Als Frankreich von den Österreichern im Elsass bedrängt wurde, marschierte Friedrich mit seiner gesamten Streitmacht in Böhmen ein. Als er auch aus diesem Krieg als Sieger heimkehrte, titulierte ich ihn „Friedrich der Große". Unser mehrjähriges Zusammenleben stand damals noch in weiter Ferne. Und wieder verlegten wir uns aufs Korrespondieren. Es war mir gleichgültig, dass ihm meine Fragen und Bemerkungen zu außenpolitischen Entwicklungen wie dreiste Einmischung vorgekommen sein müssen.

Sieben Jahre später, am 28. Juni 1750, verließ ich Paris erneut, um mich auf den Weg nach Potsdam zu machen. Diesmal dauerte mein Aufenthalt fast drei Jahre. Aber das ist eine andere Geschichte, die im Eklat und in meiner Gefangenahme in Franfurt am Main endete. Ganz Europa war empört!

Ein Trauerspiel an der Potsdamer Havel

Gotthold Ephraim Lessing, Dramatiker

Ich bin Gotthold Ephraim Lessing, geboren im Jahre 1729. Im gleichen Jahr wurden auch der Philosoph Moses Mendelssohn und der Forschungsreisende Johann Reinhold Forster geboren. Sie sehen, das war ein guter Jahrgang für die deutsche Aufklärung. Als ich starb, hatte Friedrich II. noch fünf Jahre zu leben. Als man 1851 das Reiterstandbild des Preußenkönigs Unter den Linden enthüllte, kamen unter dem Pferdehintern Immanuel Kant und ich zum Vorschein.

Ich kann beim besten Willen nicht verstehen, warum Sie mich zu dieser Geisterstunde eingeladen haben. Haben Sie vergessen, dass ich Preußen als das „sklavischste Land Europas" genannt habe? Die Ignoranz des Königs uns deutschen Literaten gegenüber war grenzenlos. Wissen Sie, was er 1780 geschrieben hat? „Die Höfe werden mit Vergnügen Deutsch sprechen, und es kann geschehen, dass unsere geschliffene und vervollkommnete Sprache sich dank unserer guten Schriftsteller von einem Ende Europas zum anderen verbreitet. Diese Tage unserer Literatur sind noch nicht gekommen, aber sie werden nahen." Na, danke auch!

Was halten Sie davon, wenn wir die Geisterstunde an das Potsdamer Havelufer verlegen? Dort stehen zwei Säulenstümpfe und drei verwitterte Steinblöcke. Wenn Sie genau hinsehen, erkennen Sie auf einem der Steinblöcke eine Inschrift. Sie ist kaum noch zu lesen, aber die Wörter Voltaire und Lessing sind noch auszumachen. Was verbindet den Deutschen und den Franzosen mit diesem Ort?

Wir befinden uns in der Brandenburger Vorstadt – Mitte des 18. Jahrhunderts außerhalb der Potsdamer Stadtmauern. Das Havelufer war damals von Gärten gesäumt mit kleineren und größeren Gartenhäusern. Das markanteste, beinahe ein kleines Schloss, gehörte dem Markgrafen Wilhelm. Als der 1744 im Zweiten Schlesischen Krieg fiel, erbte sein Bruder Karl das Anwesen, der es bald gegen Pferde eintauschte. Sein Tauschpartner war König Friedrich II., der es als Gästehaus für Besucher auf Sanssouci gut gebrauchen konnte.

Einer davon war der Marquis d' Argens, ein französischer Schriftsteller und Mitglied der Akademie der Wissenschaften. Der bekam vom König das Anwesen geschenkt. Und so hieß es fortan im Volksmund das „Marquisat". Auch unter dem neuen Besitzer blieb es ein Gästehaus, offen für alle, die sich nach Ruhe abseits vom höfischen und städtischen Treiben sehnten. Im Sommer 1751 nahm Voltaire das Angebot des Marquis an, hier zu wohnen. So kam es, dass der große Geist hier an seinem wohl bedeutendstem Werk arbeitete: „Das Jahrhundert Ludwigs XIV." Erstmals beleuchtete er eine Epoche von der politischen, geistigen und der kulturellen Seite. Erster Leser des Manuskriptes war Friedrich II.

Vier Jahre später hielt ich mich im „Marquisat" auf. Das kam so: Das Schlösschen war inzwischen in den Besitz von Kabinettsrat August Friedrich Eichel gelangt, einem guten Freund des Marquis. Eichel beschäftigte mich als Übersetzer französischer Texte. So übertrug ich im Rechtsstreit zwischen Voltaire und dem Bankier Abraham Hirschel Texte vom Deutschen ins Französische. Auch vertrauliche Staatsdokumente übersetzte ich. Mein Arbeitsplatz befand sich im Berliner Schloss.

Vor dem Hintergrund des Siebenjährigen Krieges spielt Lessings bekanntestes Lustspiel, das 1767 entstandene „Minna von Barnhelm"

Im Februar und März 1755 verschwand ich mit Einverständnis des Kabinettsrates in Richtung Potsdam. Ich wählte den Weg zum „Marquisat" so, dass ich keines der Stadttore passieren musste. So erfuhr der König nicht, wer sich da aufhielt. Ich hatte mich zurückgezogen, um ein neues Drama zu schreiben: „Miss Sara Sampson" sollte es heißen. Was in diesen zwei Monaten entstand, war eine neue Gattung von Dramen in Deutschland, das „bürgerliche Trauerspiel". Nicht mehr Könige und Helden waren die Protagonisten auf der Bühne, sondern Menschen aus dem Volke mit ihren Gefühlen und Empfindungen. Bald hieß es, dies sei eine Sternstunde für die deutsche Aufklärung gewesen. Ich war es dann auch, der die Dramen Shakespeares auf deutsche Bühnen holte.

»Wissen Sie, Sie sind ein sehr schöner Mann.«

Giacomo Girolamo Casanova, Abenteurer

Mein Name ist Giacomo Girolamo Casanova, geboren 1725 in Venedig. Seit meiner spektakulären Flucht aus den Bleikammern Venedigs waren acht Jahre vergangen, als mich das Schicksal an den preußischen Hof führte, wo ich die Ehre hatte, König Friedrich II. zu treffen. Bei einem guten Angebot wäre ich vielleicht für eine angemessene Zeit sein treuer Diener geworden. Also bemühte ich mich, ihm Gelegenheit für ein solches Angebot zu geben. Ich habe über diese Begegnung ausführlich in meinen Memoiren berichtet und gebe Ihnen hier die entsprechenden Auszüge zu lesen. Wir schreiben das Jahr 1764.

Von Magdeburg fuhr ich geraden Weges nach Berlin, ohne mich in Potsdam aufzuhalten. Ich stieg im Hotel de Paris ab, wo ich alles so fand, wie es für meine Ansprüche und für meine Börse passte.

Am fünften Tage nach meiner Ankunft stellte ich mich dem Lord Marischal Keith vor. Er war immer noch ein Liebling des Königs, mischte sich aber wegen seines hohen Alters in keine Hofangelegenheiten mehr ein. Er fragte mich, ob ich die Absicht habe, eine Zeitlang in Berlin zu bleiben. Da er zum Teil die Wechselfälle meines Lebens kannte, antwortete ich ihm, ich würde mich gern dauernd niederlassen, wenn der König mir eine Anstellung gäbe, die meinen Kenntnissen entspräche.

„Ich rate Ihnen, dem König zu schreiben, dass Sie nach der Ehre einer Unterredung streben. Wenn Sie mit ihm sprechen, können Sie ihm beiläufig sagen, dass Sie mich kennen, und ich zweifle nicht, dass er mir dann Gelegenheit geben wird, von Ihnen zu sprechen."
„Wird der König antworten?"
„Ohne allen Zweifel; denn er antwortet einem jeden. Er wird Ihnen mitteilen, wo und zu welcher Stunde er Sie empfangen will. Folgen Sie meinem Rat! Seine Majestät ist jetzt in Sanssouci."

Ich schrieb dem König einen ganz einfachen und sehr ehrfurchtsvollen Brief, in dem ich fragte, wo und wann ich mich Seiner Majestät vorstellen dürfte. Am zweiten Tage darauf erhielt ich einen Brief mit der Unterschrift Frédéric; man bestätigte mir den Empfang meines Briefes und teilte mir mit, dass der König sich um

vier Uhr im Park von Sanssouci befinden würde. Wie man sich denken kann, war ich pünktlich zur Stelle. In einen einfachen schwarzen Anzug gekleidet, begab ich mich um drei Uhr nach Sanssouci. Im Schlosshof sah ich keinen Menschen, nicht einmal eine Schildwache; ich ging eine kleine Treppe hinauf, öffnete eine Tür und befand mich in einer Bildergalerie. Der Aufseher kam auf mich zu und erbot sich, mich zu führen. Ich antwortete ihm: „Ich komme nicht, um diese Meisterwerke zu bewundern, sondern um den König zu sprechen, der mir geschrieben hat, dass er im Park sein werde."
„Er ist in diesem Augenblick bei seinem kleinen Konzert, wo er die Flöte spielt. Hat er Ihnen die Stunde bezeichnet?"
„Ja, um vier Uhr; aber er wird es vergessen haben."
„Der König vergisst niemals etwas; er wird pünktlich sein."
Ich befand mich seit einigen Augenblicken im Park, als ich ihn mit seinem Vorleser und einer hübschen Windhündin erscheinen sah. Sobald er mich bemerkte, ging er auf mich zu, nahm seinen alten Hut ab, nannte meinen Namen und fragte mich in barschem Ton, was ich von ihm wolle. Überrascht von diesem Empfang, konnte ich kein Wort hervorbringen; ich sah ihn nur an, ohne ihm zu antworten.
„Nun, so sprechen Sie doch! Haben Sie mir denn nicht geschrieben?"
„Ja, Sire; aber ich erinnere mich an nichts mehr."
„Wir wollen ein wenig gehen. Worüber wollten Sie mit mir sprechen? Was sagen Sie zu meinem Park?"

Während er mich fragt, worüber ich mit ihm sprechen wolle, befiehlt er mir zugleich, mein Urteil über seinen Park zu sagen! Jedem anderen hätte ich geantwortet, dass ich nichts davon verstände; aber da der König geruhte, mich für einen Kenner zu halten, antwortete ich daher, ich fände den Garten prachtvoll.
„Aber der Park von Versailles ist doch viel schöner", meinte der König.
„Allerdings Sire, aber hauptsächlich wegen der Wasserkünste."
„Ganz recht; aber das ist nicht meine Schuld: Hier gibt es kein Wasser. Ich habe mehr

als dreihunderttausend Taler ausgegeben, um Wasser zu bekommen; aber ohne Erfolg."
„Dreihunderttausend Taler, Sire! Wenn Eure Majestät die ganze Summe auf einmal ausgegeben hätten, müsste Wasser da sein."
„Ah, ich sehe, Sie sind Ingenieur, der sich mit Hydraulik befasst."
Hätte ich ihm sagen sollen, dass er sich täuscht? Ich fürchtete ihm zu missfallen und senkte nur den Kopf.

Während wir gingen, drehte er fortwährend den Kopf nach rechts und nach links; er fragte mich, welche Streitkräfte Venedig im Kriegsfalle zu Wasser und zu Lande habe. Hier befand ich mich, Gott sei Dank, auf sicherem Boden!
„Zwanzig Schlachtschiffe, Sire, und eine große Menge Galeeren."
„Und wie viele Landtruppen?"
„Siebzigtausend Mann, Sire."

„Aber Sie sind sicherlich Finanzmann. Sagen Sie nur, was Sie von der Steuer halten?"
Es war die erste Unterredung, die ich mit einem König hatte. Es kam mir vor, wie wenn ich eine Szene in einer italienischen Komödie zu spielen hätte, wo der Schauspieler zu improvisieren hat und, wenn er stecken bleibt, sofort ausgepfiffen wird. Ich legte also mein Gesicht in würdige Falten und antwortete dem stolzen Herrscher, ich könnte über die Theorie der Steuer sprechen. „Das will ich ja gerade; denn die Praxis geht Sie nichts an."

„Im Hinblick auf die Wirkungen sind drei Arten von Steuern zu unterscheiden: Die eine ist verderblich; die zweite leider notwendig, die dritte stets ausgezeichnet."
„Gut so. Nur weiter!"
„Die verderbliche Steuer ist die königliche; die notwendige ist die militärische; die ausgezeichnete ist die Steuer, die dem Volk zugute kommt."
Da ich über das Thema nicht vorher nachgedacht hatte, warf ich einige Gedanken hin, wie sie mir gerade in den Sinn kamen; dabei musste ich aber doch vorsichtig sein und mich hüten, Unsinn zu sprechen.

Ich fuhr fort: „Die königliche Steuer, Sire, ist diejenige, die die Börsen der Untertanen erschöpft, um die Geldkisten des Herrschers zu füllen."
„Und diese Steuer ist stets verderblich, sagen Sie?"
„Stets, Sire; denn sie schadet dem Geldumlauf, der die Seele des Handels und die Stütze des Staates ist."
„Aber Sie finden die Steuer notwendig, die zur Unterhaltung der Heere dient?"
„Sie ist leider notwendig. Leider – denn der Krieg ist ein Unglück."
„Das kann wohl sein; und die Steuer, die dem Volk dient?"
„Diese ist stets ausgezeichnet; denn der König nimmt seinen Untertanen mit der einen Hand und gibt ihnen mit der

anderen; dadurch erzieht er sie zu gemeinnützigem Denken. Er begründet die notwendigen gewerblichen Unternehmungen, beschützt Wissenschaften und Künste, die dazu beitragen, das Geld in Umlauf zu bringen; endlich erhöht er das allgemeine Wohlbefinden durch die Verordnungen, die ihm seine Weisheit eingibt, um diese Steuer so zu verwenden, wie sie den Massen am besten nützt."

„Es liegt etwas Wahres darin. Sie kennen Casalbigi?"
„Ich muss ihn wohl kennen, Sire; denn vor sieben Jahren haben wir beide zusammen die Genueser Lotterie in Paris eingeführt."
„Und zu welcher der drei Arten rechnen Sie diese Steuer? Denn Sie werden mir zugeben, dass die Lotterie eine Steuer ist."
„Gewiss, und zwar keine von den unbedeutendsten. Es ist eine Steuer von der guten Art, wenn der König die Erträgnisse zu nützlichen Ausgaben verwendet."

Als wir bei einem Rundtempel mit doppelter Säulenreihe angekommen waren, blieb er vor mir stehen, sah mich vom Kopf bis zu den Füßen an und sagte nach einigen Sekunden: „Wissen Sie, Sie sind ein sehr schöner Mann."
„Ist es möglich, Sire, dass Eure Majestät nach einer langen Unterhaltung an mir den geringsten der Vorzüge bemerken können, durch die Ihre Grenadiere sich auszeichnen?"
Der König lächelte fein, aber freundlich und gütig und sagte dann zu mir: „Da Lord Keith Sie kennt, werde ich mit ihm über Sie sprechen."
Hierauf nahm er seinen Hut ab und grüßte mich. Ich machte ihm eine tiefe Verbeugung und entfernte mich. Drei Tage darauf machte Lord Marischal mir die Mitteilung, dass ich dem König gefallen hätte und dass Seine Majestät daran dächte, mir irgendeine Anstellung zu geben.

Die mir angebotene Position als Lehrmeister an der Schule für pommersche Landjunker lehnte ich allerdings ab, da mir das Einkommen zu gering und der Lebenswandel am preußischen Hof zu karg und geregelt erschienen. So zog ich weiter, um dem russischen Hof meine Aufwartung zu machen.

Das Gespräch wurde „Der Geschichte meines Lebens", Band 5, 19. Kapitel, entnommen. Die Texte wurden gekürzt und stellenweise der heutigen Sprache angepasst. Der letzte Absatz wurde vom Herausgeber hinzugefügt.

„So fühlte ich die Zuneigung erkalten."

Johann Wolfgang von Goethe, Dichter

Was ich über den Preußen Friedrich denke? Kaum hatte ich am 28. August 1756 mein siebentes Jahr zurückgelegt, als gleich darauf jener Krieg ausbrach, welcher auf die nächsten sieben Jahre meines Lebens großen Einfluss haben sollte. Die Welt spaltete sich sogleich in zwei Parteien, und unsere Familie war ein Bild des großen Ganzen. Mein Großvater war mit einigen Schwiegersöhnen und Töchtern auf österreichischer Seite. Mein Vater neigte mit der kleineren Familienhälfte zu Preußen. Man stritt, man überwarf sich, man schwieg, man brach los und konnte einander nicht begegnen. Und so war ich denn auch preußisch, oder um richtiger zu reden, fritzisch gesinnt.

Zu Anfang meiner Studentenzeit hatte Friedrich II. für mich noch immer über allen Männern des Jahrhunderts gestanden. In Leipzig, wo ich mich 1765 bis 1768 aufhielt, war es nicht angezeigt, für den König Partei zu ergreifen. Die Leipziger hatten die Hand des Krieges schwer gefühlt, und es war ihnen deshalb nicht zu verargen, dass sie von demjenigen, der ihn begonnen und fortgesetzt hatte, nicht das Beste dachten. Es sei keine Kunst, sagten sie, einiges zu leisten, wenn man weder Länder, Geld, noch Blut schone. So fühlte ich nach und nach die unbedingte Verehrung erkalten, die ich diesem merkwürdigen Fürsten von Jugend an gewidmet hatte.

Zehn Jahre später, es gab wichtigere Dinge als den alternden Preußenkönig, kam ich ihm recht nahe. Ich war inzwischen in den Dienst von Herzog Carl August von Sachsen-Weimar getreten und lebte in Weimar. 1778 war ein heikles Jahr. Wieder einmal war um eine Erbfolge ein Krieg ent-

brannt, diesmal um die bayerische. Friedrich bezog an der böhmischen Grenze Stellung. Für meinen Herzog war das der Augenblick, an der Seite des Preußenkönigs Feldherrenruhm zu erwerben. So kam er auf die Idee, in Berlin die Situation zu sondieren.

Sachsen-Weimar war neutral im Bayerischen Erbfolgekrieg, und für mich gab es nur ein Ziel: diese Neutralität zu bewahren. Dabei konnte ich mich auf den Anhalt-Dessauer Fürsten Leopold III. verlassen. Er war befreundet mit Carl August, teilte jedoch dessen Heißsporn-Gemüt nicht. Wie froh war ich, als sich der Enkel des „Alten Dessauer" bereitfand, den Herzog auf der Reise zu begleiten, um seine Schritte zu verfolgen und fatale Entschlüsse zu vereiteln.

Am 14. Mai 1778 betraten wir inkognito bei Treuenbrietzen brandenburgisch-preußisches Territorium – der Herzog als ein Herr von Ahlefeld. Weiter ging es nach Potsdam, wo wir im Plögerschen Gasthof neben dem Schloss logierten. Eine Besichtigung des Schlosses Sanssouci scheiterte am flegelhaften Kastellan. Aber den riesigen Exerzierstall aus der Zeit des „Soldatenkönigs" durften wir inspizieren.

In Berlin war es ein prickelndes Gefühl, an der Quelle des Krieges zu sitzen, in dem Augenblick, da sie überzusprudeln drohte. Schließlich war es vollbracht: Wir blieben auch weiterhin neutral. Ich konnte in den folgenden Jahren den Herzog vom Einfluss Friedrichs immer mehr befreien.

Der Schriftsteller Ludwig Sternaux (1885–1935) beschrieb 1929 ausführlich Goethes Aufenthalt in Potsdam. Nachzulesen in: „Friedrichs Potsdam", herausgegeben von Klaus Büstrin, erschienen bei Edition Terra.

Am 21. Mai waren wir zurück in Potsdam. Nach einem schönen Schlaf fand ich endlich meine Seele wieder gereinigt. Nun endlich wurden wir in das Schloss Sanssouci eingelassen. Auch die Bildergalerie nebenan durften wir besichtigen. Am folgenden Tag ritten wir in aller Frühe hinaus zum kleinen Jagdschloss des „Soldatenkönigs" am Stern. Dann stand der Besuch des Alten Schlosses mitten in Potsdam auf unserem Programm: Hoftheater, Marmorsaal, Festräume. Zu Mittag der Aufzug der Potsdamer Wachtparade. Mit Pauken, Trommeln und Pfeifen zogen die Grenadiere zur Schlosswache. Am Nachmittag blieb Zeit für die Garnisonkirche und die Gewehrfabrik.

Friedrich der Große starb wenige Tage vor meinem 37. Geburtstag.

Ist Schloss Sanssouci etwa von schlechtem Geschmack?

Karl Friedrich Schinkel, Architekt

Mein Name ist Karl Friedrich Schinkel, geboren 1781 in Neuruppin. Mein Vater war für das Kirchen- und Schulwesen im Ruppiner Land zuständig. Sie haben bestimmt von dem Stadtbrand im Jahr 1787 gehört, bei dem zwei Drittel aller Neuruppiner Häuser vernichtet wurden. Bei den Löscharbeiten holte sich mein Vater eine Lungenentzündung, an der er zwei Monate später verstarb. Meine Mutter und ich kamen in das Predigerwitwenhaus, das wie durch ein Wunder von den Flammen verschont blieb.

Während meiner Schulzeit erlebte ich Neuruppin als eine riesige Baustelle. Ich habe lieber den Bauleuten bei ihrer Arbeit zugesehen, als zum Unterricht zu gehen. Besonders beeindruckte mich die präzise Planung all dieser Arbeiten. Ein junger Mann leitete den Aufbau: Friedrich Gilly. Wenn ich damals gewusst hätte, dass ich einst sein Schüler sein sollte!

Aber ich will Ihnen zunächst von König Friedrich II. erzählen, der bei uns in Neuruppin zwischen 1732 und seiner Thronbesteigung 1740 ein Regiment befehligte. Bis er ins Schloss Rheinsberg übersiedeln konnte, hatte er in Neuruppin eine Wohnung. Nebenbei kümmerte er sich um die Begrünung unserer Wallanlagen und legte sich selbst einen Garten an. Der Garten erhielt einen kleinen Hügel, auf den sich der Kronprinz von seinem Freund Knobelsdorff einen Tempel setzen ließ. Hier entwickelte der Kronprinz sein Gespür für Landschafts- und Parkgestaltung, das sich letztlich auch in Potsdam-Sanssouci zeigt.

Obwohl ich erst fünf Jahre alt war, als dieser König starb, hat er mein weiteres Leben stark geprägt. Und das kam so. 1794 zog unsere Familie nach Berlin. Rund drei Jahre später gab es hier eine große Ausstellung, in der die Pläne für ein würdiges Friedrich-Denkmal gezeigt wurden. An einem Wettbewerb

Gemeinsam mit Peter Joseph Lenné prägte Schinkel die Potsdamer Kulturlandschaft, die auf der Liste des UNESCO-Weltkulturerbes steht. Beide betonten die wechselseitigen Beziehungen von Baukunst und Landschaftsgestaltung.

hatten sich alle großen preußischen Architekten beteiligt – Schadow, Langhans, Hirt, Gentz und mein Idol aus Neuruppiner Zeiten: Friedrich Gilly. Sein Entwurf zeigte einen antiken Tempel auf einer Treppenanlage vor dem Potsdamer Tor. Hier, vor diesen wunderbaren Zeichnungen, entschloss ich mich, Architekt zu werden. Ein Jahr später war ich bereits Eleve an der Bauschule von Vater und Sohn Gilly. Keiner der Entwürfe wurde realisiert.

Dann folgte ein Unglück dem anderen. Im Jahr 1800 starb das Baugenie Friedrich Gilly im Alter von nur 28 Jahren. Wenig später begannen die schweren Jahre der Napoleonischen Herrschaft. 1819, als wieder Frieden eingekehrt war, begann die Besinnung auf nationale Größe. Damals kam wieder die Idee auf, Friedrich dem Großen ein Denkmal von würdigen Ausmaßen zu stiften. Diesmal wurde ich mit den Entwürfen betraut. Der regierende König Friedrich Wilhelm III. favorisierte eine Riesensäule wie die für den Kaiser Trajan in Rom. Ich entwarf einen mehrgeschossigen Turm, von der Figur der Siegesgöttin gekrönt. Vom Turm aus sollte der Besucher einen eindrucksvollen Rundum-Blick über das friderizianische Berlin haben. Doch auch dieser Plan wurde nicht verwirklicht. Weil sich der König nicht entschließen konnte.

Was ich von Friedrich II. halte? Aus architektonischer Sicht herzlich wenig. Meine Meinung über das Schloss Sanssouci habe ich zu Papier gebracht: „Eine schwere Balustrade läuft am Dache umher und ist mit Skulpturen von Vasen und Kindergruppen in schlechtem Stil verziert. Die an der hinteren Seite liegende Kolonnade von korinthischen Säulen ist von ziemlich guten Verhältnissen, obgleich in der Hauptanordnung und den einzelnen Details nicht in gutem Geschmack."

Aber – wie sich zeigte – hat meine Meinung die UNESCO nicht daran gehindert, Sanssouci auf die Liste des Weltkulturerbes zu setzen. Zum Glück befindet sich mein Altes Museum in Berlin auf der gleichen Liste.

Gedichte für den Alten Fritz – ein wahrlich guter Geistesblitz

Theodor Fontane, Schriftsteller

Darf ich mich vorstellen? Theodor Fontane, geboren im Jahre 1819 zu Neuruppin. An der Schreibweise meines Namens können Sie erkennen, dass ich hugenottische Vorfahren hatte, die bereits mit der ersten Welle der Glaubensflüchtlinge aus Frankreich nach Brandenburg kamen.

Sie können aber auch feststellen, dass sich meine Familie derart auf die neue Heimat eingelassen hat, dass sie ihr französisches „La Fontaine" in ein deutsches Fontane umwandelte. Und das, obwohl unseren ursprünglichen Namen auch der berühmteste französische Fabeldichter trug. Aber soviel ich weiß, bin ich der erste in meiner Ahnenreihe, der sich mit Schriftstellerei sein Geld verdient. Mein Vater war Apotheker, wie ich zunächst auch.

Was ich mit Friedrich dem Großen zu tun habe? Was soll ich dazu sagen? Als literarische Figur war er mir zu fern. Er ist eine geschichtliche Figur und geht uns daher alle an. In meinen „Wanderungen" habe ich die Stätten seiner Jugendzeit besucht und beschrieben – im Oderland und im Ruppiner Land. Die Katte-Geschichte ist bei mir nachzulesen und die Kronprinzen-Jahre in Rheinsberg. Ich denke, ich habe damit meinen Beitrag zur geschichtlichen Wahrheit geleistet. Denn meine Recherchen dienen heute noch allen möglichen Schreibern als Quelle. Nach dem Motto: Der Fontane hat's gesagt, also ist es richtig. Ich selbst wäre da etwas vorsichtiger.

Was mit den „Preußen-Liedern" ist, wollen Sie wissen? Mit diesen Versen hab ich den alten preußischen Kriegshaudegen ein Denkmal gesetzt: dem Alten Dessauer, dem Alten Zieten, Seydlitz, Schwerin, Keith – Friedrich II. selbst

Anlässlich des 100. Todestages des Dichters erhielt Neuruppin offiziell den Beinamen „Fontanestadt". Das Geburtshaus beherbergt nach wie vor eine Apotheke, und am Eingang zur Neuruppiner Innenstadt erinnert ein Denkmal an den – wie es in der Inschrift heißt – „Dichter der Mark". Es zeigt ihn auf einer Bank sitzend mit Wanderstock und Schreibblock. Alle zwei Jahre holen die Neuruppiner „Fontane-Festspiele" den Schriftsteller in die Gegenwart.

taucht dort nur als Nebenfigur auf. Mit meinen Gedichten habe ich die Herren nicht auf den Sockel gehoben. Im Gegenteil: Sehr menschlich hab ich sie präsentiert. So, wie zur gleichen Zeit der gute Adolf Menzel seine Zeichnungen der Friedrich-Ära angelegt hat. Geschrieben hab ich die Lieder nach der verlorenen 1848er Revolution, als das Nationalgefühl ein tiefes Tal durchlief. Da waren Helden rar, und man musste sie im Vergangenen suchen. Und so habe ich dann gedichtet:

„Sie kamen nie alleine,
der Zieten und der Fritz,
der Donner war der eine,
der andre war der Blitz."

1850 ist das erschienen, in meinem ersten selbstständigen Buch.

Wie haben Sie herausgefunden, dass ich auch ein Gedicht zur Enthüllungsfeier des Friedrich-Denkmals Unter den Linden in Berlin verfasst habe? Ja, vielleicht war ich da ein bisschen zu „fritzisch" gesinnt, wie ja selbst Goethe für sich bekannte. Aber bedenken Sie bitte, 1851 hatten wir wirklich traurige Zeiten. Unser König Friedrich Wilhelm IV. war schwach und krank. Da kam man eben auf solche Gedanken:

„Blitz' nur herab von Deiner Wacht, solch Wächter mag uns taugen: Wir brauchen wieder, Tag und Nacht, die Alten-Fritzen-Augen."

Sie wissen selbst, dass ich später die preußischen Zustände wahrlich nicht glorifiziert habe. Keine Zeile hab ich über das Potsdam des Alten Fritz geschrieben. Ansonsten hätte ich schreiben müssen über den Mief, den die Friedrich-Epoche dort hinterlassen hat. „Das Wesen des Potsdamers, sage ich, besteht in einer unheilvollen Verquickung oder auch Nichtverquickung von Absolutismus, Militarismus und Spießbürgertum." Jetzt erkennen Sie ihn doch wieder, Ihren guten alten Fontane!

Friedrich als Modell – Kunst oder was?

Adolph von Menzel, Maler

Geben Sie es zu, Sie hätten mich beinahe übersehen. Gewöhnen Sie sich gefälligst ab, Menschen nach ihrer Körpergröße zu bewerten! Mit meinen 1,34 Meter war ich jedenfalls ein Großer: Ehrendoktor der Berliner Universität, Ehrenbürger Berlins, St. Petersburgs und Breslaus, Träger des Kreuzes der französischen Ehrenlegion, Träger des Titels „Geheimer Rat", Ernennung zum Ritter des Schwarzen Adlerordens und Erhebung in den erblichen Adelsstand. Genügt das fürs Erste? Ich habe diesen ganzen Kladderadatsch nur aufgezählt, um Sie zu beeindrucken. Mich selbst hat das alles nie beeindruckt.

Haben Sie schon die Gedenkplatte gelesen, die an dem Haus angebracht ist, in dem ich 13 Jahre lang wohnte? Es steht in der Ritterstraße 43 in Berlin-Kreuzberg. Nach meinen Lebensdaten – richtig: 1815 bis 1905 – heißt es dort, ich hätte „mit meinem zeichnerischen Werk das offizielle Bild der preußischen Geschichte zur Zeit Friedrichs des Großen geschaffen". Es gibt zwar keine offizielle Geschichte Preußens, aber ein offizielles Bild! Wie kann man nur solchen Unsinn verbreiten?

Ich gebe es gern zu: Dem Kaiser haben meine Bilder gefallen. Und ich habe einige staatstragende Gemälde im persönlichen Auftrag der Majestäten hergestellt. Aber ich habe in jedem dieser Aufträge stets eine künstlerische Aufgabe gesehen. Vergleichen Sie doch einfach einmal mein Gemälde von der Königskrönung zu Königsberg 1861 und das von Anton von Werner zur Proklamierung des Deutschen Kaiserreiches 1871. Da werden Sie den Unterschied zwischen Kunst und Propaganda deutlich sehen. So viel dazu. Aber jetzt zu Friedrich dem Großen. Ich habe ihm viel zu verdanken. Und er mir.

Sein Andenken für alle Zeiten ist sehr stark von mir geprägt. Darauf bin ich stolz. Aber verwechseln Sie das bitte nicht mit einem „offiziellen Bild". Es war zweifellos eine besondere Fügung, dass Franz Kugler und ich zusammenfanden, um eine volkstümliche und zeitgemäße Geschichte Friedrichs des Großen herauszugeben. Meine Bilder sollten sich in den Erzählstrom einfügen, ihn nicht aufhalten, auch nicht in andere Richtungen lenken. Das hieß für mich, mit meinen Zeichnungen genau so zu erzählen, wie es der Dichter mit Worten tat.

Zwischen 1839 und 1842 fertigte ich fast 400 Holzstiche an. Das war eine erst junge Technik, bei der die Zeichnung auf grundiertes Hartholz aufgebracht wird und dann von hervorragenden Holzstechern als Druckplatte hergerichtet wird. Ich wollte mit meinen Illustrationen Geschichten erzählen. Dafür musste die Hauptperson nicht immer im Mittelpunkt stehen. Die Zahl der handelnden Personen wurde damit riesig. Aber gleichzeitig wurde der König in Aktion versetzt – wir sehen ihn im Gespräch, beim Ritt, im Gefecht, einsam am Schreibtisch.

Ich habe versucht, mich einzufühlen. Nicht nur in den König, auch in seine Umgebung, ja, in das Volk, das unter seiner Regierung lebte und dabei nicht nur gute Tage hatte. Sie alle waren Menschen mit Gefühlen und Sehnsüchten. Also musste ich mich zurückversetzen in die Zeit meiner Großeltern. Als noch nicht einmal 30-Jähriger wurde ich zum Zeitreisenden – ziemlich jung für so viel Historie. Einer Gefahr musste ich begegnen: mich in Details zu verlieren, denn die Versuchung war groß, alles zu zeigen, was überliefert war. Stattdessen machte ich es mir zur Aufgabe, Situationen zu verdichten und die Details der Phantasie der Beschauer zu überlassen.

Menzel hat Friedrich II. auch in Gemälden verewigt. Das wohl bekannteste, „Die Tafelrunde", auf dem sich der König in Gesellschaft u. a. mit Voltaire befindet, wurde im 2. Weltkrieg zerstört.

Ich freue mich zu hören, dass das Buch von Kugler und mir immer noch verlegt wird. Also habe ich doch ein Bild von Friedrich dem Großen in die Hirne eingebrannt. Und stellen Sie sich vor: Als das neue Medium Film sich des Themas Fridericus Rex annahm, waren es meine Bilder, die den Regisseuren als Vorlagen für ihre Szenografie dienten. Neue Ideen? Fehlanzeige. Dafür möge man mich nicht verantwortlich machen!

Bitte vergessen Sie nicht meine Bilder aus der Arbeitswelt. Das „Eisenwalzwerk" zum Beispiel.

Echter als der wahre Friedrich: Es kann doch zwei geben!

Otto Gebühr, Schauspieler

Mein Name ist Otto Gebühr. Ich wurde 1877 in Kettwig an der Ruhr geboren und starb 1954 in Wiesbaden. Dazwischen lag ein Schauspielerleben mit vielen Höhen und einigen Tiefen. Wenn Sie mich nicht kennen, kennen Sie auch unseren großen Preußenkönig nicht. Ich gebe zu, es ist schon einige Jährchen her, dass ich die Ehre hatte, diesen hervorragenden Menschen zu verkörpern. Aber immerhin habe ich ihn zwischen 1920 und 1942 in fünfzehn Kinofilmen spielen dürfen. Was heißt „spielen"? Ich WAR Friedrich der Große!

Ein eigenes Genre haben wir damals begründet – die Fridericus-Filme. Sie waren immer eine Mischung von Historie, Unterhaltung und politischer Propaganda. Ich hatte neben mir fast immer schöne blonde Frauen, ganze Kerle und manchmal gemein grinsende, dunkelhaarige Ganoven. Zwischen all dem Ernst und Pathos gab es bei uns immer eine Prise Humor. So liebten es die Zuschauer, und so bekamen sie es.

Ich möchte Sie daran erinnern, dass zu meiner Zeit die Illusionen vor allem im Kino verkauft wurden. Das waren Gemeinschaftserlebnisse, wie man sie sich heute kaum noch vorstellen kann. Richtige Begeisterungsstürme kamen damals auf, da wurde während der Vorstellung applaudiert und am Schluss wurden patriotische Lieder gesungen. Die Premieren unserer Filme waren nationale Ereignisse, die ganze Zeitungsseiten füllten. Es kamen vor allem die Kaisertreuen, denen die Weimarer Republik nicht schmeckte. Aber wer kann sich schon sein Publikum aussuchen? Natürlich gab es auch Linke und Gewerkschafter, die Fridericus-Filme für national-konservative Propaganda hielten und daher immer genau an der falschen Stelle applaudierten, um die Vorstellung zu stören. Sie sehen, wir haben kräftig polarisiert – ich und meine Filme.

Die allermeisten der Fridericus-Filme haben wir in Babelsberg gedreht. Nicht nur, weil hier die modernsten Studios standen und hervorragende Kostümschneiderinnen in kürzester Zeit all die Preußenuniformen herstellten. Es waren auch die Originalschauplätze, die Potsdam so attraktiv machten. 1922 durften wir sogar im Schloss Sanssouci drehen. Später war es einfacher, das Innere der Schlösser in

Babelsberg nachzubauen, weil die umfangreicher werdende Technik die Räume von Sanssouci garantiert gesprengt hätte. Zumal beim Tonfilm! Nicht zufällig war einer der ersten deutschen Tonfilme Friedrich dem Großen gewidmet. Raten Sie, wie er hieß! „Das Flötenkonzert von Sanssouci". Meinem markanten Äußeren durfte ich nun noch meine schnarrende Stimme hinzufügen. Perfekter konnte der große König nicht daherkommen.

Wenn ich auf Galaempfängen im Kostüm auftrat, wurde ich gern als „Majestät" angesprochen. Und das passierte sehr häufig. Wer weiß schon, wie Friedrich wirklich war? Ich sage Ihnen: Niemand will das wirklich wissen, solange ich ihn darstelle. Ganz unbescheiden behaupte ich, dass ich ein guter Schauspieler bin. Da genügt ein kurzes Zucken im Mundwinkel, ein flüchtig hingeworfener Blick oder eine kleine Geste mit dem Zeigefinger, um jenen unermüdlichen, sich sorgenden und gütigen Landesvater zu geben, den die Leute auf der Kinoleinwand und am liebsten auch noch im wahren Leben gern hätten. Ohne mich hätte sich Friedrich der Große niemals so tief in das Gedächtnis der Deutschen eingegraben, dass er heute noch zu den beliebtesten Politikern gezählt wird.

So konnte ich es als Kompliment ansehen, dass ich nach dem Krieg von den Amerikanern kurzzeitig mit einem Auftrittsverbot belegt wurde.

Der Verlag Edition Terra entdeckte die von Georg C. Klaren 1946 verfasste „Potsdamer Novelle" wieder, in der die tragische Geschichte eines Friedrich-Darstellers als Gleichnis für den Untergang Preußens dient.

Friedrich in den Sternen

Friedrich wurde geboren am 24. Januar 1712 in Berlin, in der Mittagsstunde, im Sternzeichen Wassermann.

Der Wassermann steht für logisches Denken, höheres Wissen, Intuition, Kommunikation, Beständigkeit, Festigkeit, Beharrlichkeit, Zähigkeit, Ausdauer.

- Er ist innerlich stolz, selbstbewusst und bleibt bei einmal getroffenen Entscheidungen.
- Er zeigt sich originell, ideenreich, kameradschaftlich, hilfsbereit, dazu freiheitsliebend und unabhängig.
- Er tritt ein für Gleichberechtigung, Emanzipation, Neuerungen, geht Bündnisse ein, gilt als Schwärmer und Weltverbesserer, oft auch als Exzentriker.
- Er wahrt stets seine persönliche Eigenart und ist zwanglos unter Freunden.
- Er bevorzugt die freien Berufe und besitzt Intuition, gute Beobachtungsgabe, Wandlungsfähigkeit, Kreativität, Logik, liebt Kommunikation und hasst Routine.
- Er ist Idealist, originell, geht persönliche Wege, hat eine rasche Auffassung.
- Er zeigt Interesse für das Zeitgeschehen und unkonventionelles Verhalten.
- Er gibt sich individualistisch und freundlich, auch zuvorkommend, neigt aber zur Provokation; seine unruhige und aufgeregte Psyche verursacht gelegentlich Unstimmigkeiten.

Taufpaten (Auszug): Kaiser Karl VI., Zar Peter I.,
Kurfürst Georg Ludwig von Hannover,
Kaiserin-Witwe Wilhelmine Amalie, Kurfürstin Sophie Dorothea,
Kurfürstin-Mutter Sophie von Hannover,
Herzogin-Witwe Eleonore von Braunschweig-Bevern,
Herzogin-Witwe Christine von Mecklenburg.

Friedrich in Zahlen

0 Kinder hat Friedrich gezeugt.

1 von Friedrich komponiertes Musikstück kam zu besonderen Ehren: Es war 1869 bis 1922 die spanische Nationalhymne.

2 -mal ist Friedrich nachweislich im Krieg von einer Kugel. getroffen worden, immer ohne Schaden zu nehmen.

3 Prinzessinnen waren es, unter denen Friedrichs Gemahlin ausgesucht wurde.

4 Jahre war Friedrich alt, als er die 54 Regeln des preußischen Exerzierreglements lernen musste.

5 Uhr stand Friedrich im Winter auf, im Sommer um 4 Uhr.

6 Schwestern hatte er, für die er das Familienoberhaupt war.

7 Vorleser französischer Zunge beschäftigte Friedrich im Laufe von rund 50 Jahren.

8 Tage genügten dem jungen Friedrich, um 500 Verse (in französischer Sprache) zu Papier zu bringen.

9 -mal soll Friedrich während seiner Regierungszeit einem Gottesdienst beigewohnt haben.

10 -mal mindestens soll auf dem Schlachtfeld das Pferd unter seinem Sattel erschossen worden sein.

11 Jahre seines Lebens verbrachte Friedrich im Krieg.

12 -tausend Taler soll seine teuerste Schnupftabakdose gekostet haben.

13 Er war der 13. regierende Hohenzoller in Brandenburg.

14 -mal ging er als Sieger aus einer Schlacht hervor.

16 Kinder gebar Maria Theresia, die österreichische Widersacherin Friedrichs.

18 kleine Opiumtabletten trug er in Kriegszeiten in einer kleinen Dose für den Fall der Fälle mit sich.

19 Mit 19 Jahren wurde Friedrich zum Obersten befördert.

21 Schlachten hatte er in drei Kriegen zu schlagen.

33 Punkte umfasste sein Testament von 1769.

55 Euro beträgt die Kaufkraft eines Talers zu Zeiten Friedrichs II.

101 Kanonenschüsse wurden bei seiner Geburt in Berlin abgefeuert.

Verwechslungsgefahr!

Einen Friedrich II. gibt es mehrfach in der Geschichte:

- Friedrich II. von Hohenstaufen, dt. König, röm.-dt. Kaiser, 1194–1250
- Friedrich II., „der Ernsthafte“ von Wettin, Markgraf von Meißen, 1320–1349
- Friedrich II., „der Sanftmütige“ von Wettin, Kurfürst von Sachsen, 1412–1464
- Friedrich II., „Eisenzahn“ von Hohenzollern, Kurfürst von Brandenburg, 1413–1471
- Ferner 1 x Friedrich, 4 x Friedrich I., 7 x Friedrich III., 4 x Friedrich IV., 1 x Friedrich V.

Impressum

Alle Geschichten dieses Büchleins haben einen realen Hintergrund. Die „Antworten“ Friedrichs II. im einleitenden Interview stammen alle aus seinen Werken.

Albrechtstraße 18, 10117 Berlin
Tel. 030 27 58 17 56-0
Maulbeerallee 5, 14469 Potsdam
www.terra-press.de

3. erweiterte Auflage
ISBN 978-3-942917-09-4

Illustrationen: Rolf Nölte, www.rolfnoelte.de
Gestaltung: terra press GmbH, Victoria Rath